Mehr Zeit in der Kita –

mit Selbstmanagement alles im Griff

Rebekka Behrendt

Praxishilfen und Planungstools für den pädagogischen Alltag

Verlag an der Ruhr

Impressum

Titel
Mehr Zeit in der Kita – mit Selbstmanagement alles im Griff
Praxishilfen und Planungstools für den pädagogischen Alltag

Autorin
Rebekka Behrendt

Umschlagmotive
Illustration © Vectorium – Shutterstock.com

Illustrationen im Innenteil
Norbert Höveler,
Kästen mit Icons © Verlag an der Ruhr

Lektorat
Juliane Baumann

Druck
Heenemann GmbH & Co. KG, Berlin, DE

Geeignet für Erzieher*innen, Kita-Leitungen und pädagogische Fachkräfte

ISBN 978-3-8346-4792-4

Inhalt

Vorwort und Hinweise zur Handhabung des Buches

Liebe Leser*innen[1],

Zeit ist ein kostbares Gut. Unterschiedliche Anforderungen beanspruchen die Aufmerksamkeit der pädagogischen Fachkräfte bei ihrer Arbeit in Kitas. Besonders in den letzten Jahren sind die **Erwartungen** an sie deutlich gestiegen. Aber ein Tag hat nach wie vor nur 24 Stunden und ein Kita-Arbeitstag im Schnitt nur ca. acht Stunden. Keine Stunde mehr und keine weniger.

An der Ihnen zur Verfügung stehenden Zeit können Sie also nichts verändern. Und auch die Anforderungen bleiben bestehen. Trotzdem gibt es ein paar Stellschrauben, an denen Sie drehen können.

Tipp

Ein speziell auf Ihren Arbeitsalltag abgestimmtes **Zeitmanagement**, setzt die wertvollste und so dringend benötigte Ressource frei: Zeit.

Dieses Buch besteht aus **drei Kapiteln**.
Im **ersten Kapitel** erhalten Sie einen Überblick zum Thema. Es beginnt mit einer Auseinandersetzung zum modernen Verständnis von Zeit- und Selbstmanagement im Zusammenhang mit dem Beruf einer*s Erzieherin*s. Sie finden hier sowohl die typischen Stolpersteine inklusive Lösungen aufgelistet als auch hilfreiche Prinzipien, die für Ihre Arbeit nützlich sind.
Das **zweite Kapitel** beschäftigt sich mit dem Thema Planung, welches als tragende Säule im Zeit- und Selbstmanagement gilt. Hier finden Sie konkrete Anleitungen für den Planungsprozess im pädagogischen Alltag.
Das **dritte Kapitel** ist eine bunte Werkzeugkiste voll mit Planungsmöglichkeiten, Kopiervorlagen und Tipps, die Sie sofort in Ihrer Arbeit anwenden können.

Ziel des Buches ist es, Ihnen einen **umfangreichen Fundus** an Hilfen zur Verfügung zu stellen, aus dem Sie ganz individuell für Ihre Arbeit im Elementarbereich schöpfen können. Nicht jedes **Werkzeug** passt zu jedem Persönlichkeitstyp und zu jeder Situation. Wählen Sie, was Ihnen liegt, was Ihnen gefällt und womit Sie am besten zurechtkommen. Erwarten Sie aber keinen geheimen Zauber in diesem Buch. Es reicht nicht, wenn Sie es nur lesen - und „pling" verändert sich Ihre Situation. Werkzeuge sind dazu da, dass man sie benutzt. Darum **nehmen Sie sich die Zeit**, die vorgestellten Werkzeuge tatsächlich anzuwenden.

Ich wünsche mir, dass die Inhalte des Buches Ihnen helfen, mehr Balance in Ihrer Arbeit zu finden, Ihnen ein Gefühl von „Ich habe es im Griff" zu geben und Sie darin unterstützen, sichtbaren Erfolg mit weniger Aufwand zu haben.

Liebe Grüße

R. Behrendt

1 Der Verlag an der Ruhr legt großen Wert auf eine geschlechtergerechte und inklusive Sprache. Daher nutzen wir das Gendersternchen, um sowohl männliche und weibliche als auch nichtbinäre Geschlechtsidentitäten einzuschließen. Alternativ verwenden wir neutrale Formulierungen.

1. Zeit- und Selbstmanagement im pädagogischen Alltag

Das klassische Zeit- und Selbstmanagement ist vor allem für Menschen in der Wirtschaft, der Industrie oder im Büro entwickelt worden. Deren Motto lautet: Zeit ist Geld. Es soll vor allem effizient gearbeitet werden. Je mehr in kurzer Zeit hergestellt, abgearbeitet und erledigt wird, desto mehr kann man verkaufen.

Zeit- und Selbstmanagement für pädagogische Fachkräfte in der Kita muss jedoch anders aussehen! Denn in der Pädagogik geht es nicht darum, in möglichst kurzer Zeit viel abzuarbeiten, sondern dass didaktische, bildende, fördernde und erzieherische Vorgehensweisen Priorität haben und ihnen möglichst viel Zeit gewidmet wird.

Erzieher*innen arbeiten mit und am Menschen, hauptsächlich mit Kindern, aber auch mit deren Eltern und mit ihren Team-Kolleg*innen. Menschen können Sie nicht ausschalten. Noch sollten Sie die Ihnen anvertrauten Kinder stoisch abarbeiten oder allein sich überlassen. Hier ist geschicktes pädagogisches Handeln gefragt.

Ein spezielles Zeit- und Selbstmanagement für Erzieher*innen, kann Ihnen wertvolle Hilfe und Unterstützung bieten, um den besonderen Anforderungen des Kita-Alltags gerecht zu werden und Ihren pädagogischen Auftrag mit mehr Leichtigkeit erfüllen zu können.

1.1 Einführung ins Zeit- und Selbstmanagement

Kann man Zeit managen?

Zeitmanagement ist ein gängiger Begriff. Dennoch ist er irreführend. Das liegt daran, dass man **Zeit** an sich **nicht managen** kann.

> Wir können die Zeit nicht anhalten,
> nicht verlangsamen oder vorspulen.
> Wir können nicht auf Pause drücken
> oder in ihr hin und her springen.
> Die Zeit läuft immer weiter.
> Sekunde um Sekunde, Stunde um Stunde
> und Jahr für Jahr.

Die Zeit liegt außerhalb unseres **Einflussbereichs**. Es stellt sich deshalb die Frage: Was können wir im Zusammenhang mit Zeit überhaupt beeinflussen? Die klare Antwort lautet: Man kann vor allem sich **selbst beeinflussen**.

> Mich selbst kann ich anhalten,
> mal langsam machen
> oder schneller arbeiten.
> Ich kann für mich auf Pause drücken.
> Ich entscheide,
> wie ich meine Sekunden verbringe,
> meine Stunden
> und meine Jahre.

Sie selbst können bewusst die Ihnen zur Verfügung stehende **Zeit gestalten**. Sie können verändern, was Sie denken, welche Prioritäten Sie haben, und Sie können lernen, anders mit sich und der Zeit umzugehen. Es geht also nicht darum, die „Zeit", sondern vielmehr darum, sich **„selbst" zu managen** und auf die Umstände, die Sie beeinflussen können, auch entsprechend **einzuwirken** und an sich selbst zu **arbeiten**. Wesentlich hierbei ist, sich selbst zu beobachten, zu reflektieren und entsprechend zu verändern. Ziel soll es sein, **Denkmuster** und **Verhaltensweisen** zu kultivieren, die einen besseren und entspannten Umgang mit Zeit ermöglichen.

Es ist streitbar, welches Wort besser passt: „Zeitmanagement" oder „Selbstmanagement". Im Folgenden werden beide **Begriffe synonym** verwendet.

Ein Gefühl von Zeitmangel

Seien Sie ehrlich mit sich selbst. Ist Ihr **Zeitmangel** wirklich ein **Mangel an Zeit**? Oder ist es eher ein Mangel an Organisation?

Tatsächlich ist es so, dass der Aufgabenumfang in der Kita-Praxis gestiegen ist. Klar ist auch, dass pädagogischen Fachkräften eine „kinderfreie Zeit" seltener zur Verfügung steht, als das für sie notwendig wäre. Dennoch haben Sie genügend **Lücken und Möglichkeiten** im Kita-Alltag, mehr aus der Ihnen zur Verfügung stehenden Zeit herauszuholen.

Überlegen Sie, ob Sie wirklich keine Zeit haben oder ob Sie etwas an Ihrem Verhalten ändern müssen und können. Denn letztlich **entscheiden Sie**, wie Sie Ihre Zeit verbringen.

Das ist besonders im eng getakteten Kita-Alltag nicht immer leicht. Es gibt viele unterschiedliche Dinge, die Ihre **Zeit** neben der Betreuung, Erziehung, Bildung und Förderung der Kinder **beanspruchen**, wie z. B.:

- Beobachtungsdokumentationen schreiben
- Telefonate annehmen
- Übergabegespräche mit Eltern führen
- Besucher an der Tür empfangen
- am Qualitätsmanagement arbeiten
- Ausflüge planen
- das pädagogische Konzept gestalten
- Hygienerichtlinien beachten
- Eingewöhnungen begleiten

- Angebote durchführen
- Praktikant*innen einarbeiten
- Elterngespräche vorbereiten
- Ideen für die Vorschularbeit sammeln
- den Raum herrichten
- neue Projekte organisieren
- den Datenschutz im Blick behalten
- Personalmangel auffangen u.v.m.

Ich möchte Ihnen in diesem Buch **Anregungen und Tipps** geben, wie Sie den Umgang mit Ihrer Zeit bewusster gestalten können, sodass Sie nicht ständig das Gefühl haben, es mangelt Ihnen an Zeit.

1.2 Zeit- und Selbstmanagementstrategien

Management als Strategie

Was vielen Kitas und pädagogischen Fachkräften häufig fehlt, ist **„Zeit"**. Doch das stimmt nicht ganz. Denn das, was in den meisten Fällen eigentlich fehlt, ist eine zuverlässige und starke **Managementstrategie**.

Als Erzieher*in sind Sie wahrscheinlich besonders gut darin, fantasievoll und flexibel zu handeln und Beziehungen herzustellen und zu pflegen. Das ist gut und wichtig, denn genau diese Fähigkeiten werden in Ihrem Beruf auch verlangt. Wenn Sie gut mit Zahlen umgehen könnten oder ein*e Technikexpert*in wären, dann wären Sie wohl in einem anderen Beruf gelandet. Aber **Ihre Stärken** sind vor allem:

- sich gut in Menschen hineinzuversetzen,
- spontan auf schwierige Situationen zu reagieren,
- kreativ zu sein und schnell praktische Lösungen zu finden.

Diese werden in Ihrem Beruf täglich gefordert und dafür mögen Sie ihn wahrscheinlich auch. Allerdings fällt es Ihnen vielleicht schwerer, **strategisch vorzugehen**, zu planen, Grenzen zu setzen, abzuschalten und Strukturen zu schaffen. (Jedenfalls gehe ich davon aus, sonst würden Sie dieses Buch bestimmt nicht lesen.) Deshalb braucht es **Zeit- und Selbstmanagementtools** sowie Anwendungsideen, die Sie in Ihrem Berufsalltag umsetzen können. Werkzeuge, die **Ihre Stärken berücksichtigen**.

Im dritten Kapitel finden Sie in diesem Buch **praktische Werkzeuge**, die Ihnen helfen, Zeitfallen zu umgehen und in Zukunft besser vorbereitet zu sein. Damit Sie die Kontrolle über Ihre Zeit zurückgewinnen, achtsamer mit sich selbst und Ihrer Arbeit umgehen und entspannt den Feierabend genießen können.

Im Folgenden lernen Sie **Strategien und Hilfestellungen** kennen, die Sie darin unterstützen sollen, Stress und Überlastungen vorzubeugen und sich selbst und Ihre Zeit besser managen zu können. Dazu werden zuerst ein paar **Stolpersteine** angeschaut, die ein produktives Arbeiten verhindern, und im Anschluss **Prinzipien** aufgezeigt, mit denen Sie in Zukunft besser agieren können.

Vielleicht werden Ihnen beim Lesen einige Fallen bewusst, in die Sie selbst immer wieder tappen. Dieses **Bewusstsein** ist der erste Schritt zur Veränderung und damit für mehr Zeit in Ihrem Arbeitsalltag.

Stolpersteine überwinden

Es gibt einige Stolpersteine, die ein konzentriertes und produktives Arbeiten verhindern. Sie machen eine leichte, flüssige und entspannte Arbeit schwierig. Um **Veränderung** zu schaffen, müssen Sie sich erst einmal **bewusst sein**, was schiefläuft. Um dann eine Strategie zu entwickeln, die die Sache wieder geraderückt.

Fallbeispiel

Kennen Sie Parkour? Das ist eine Sportart, besonders bei Jugendlichen beliebt, bei der man quer durch die Stadt läuft und statt Hindernisse zu umrunden, sie einfach überspringt. Was passiert, wenn man diesen Sport nicht beherrscht? Richtig, man fällt ordentlich auf die Nase. So ein Sturz kann das Weiterkommen verzögern oder es ganz verhindern.

Im Kita-Alltag stehen immer wieder **Hindernisse** im Weg, die von Ihnen Aufmerksamkeit und Kraft fordern. Diese Hindernisse führen häufig dazu, dass Sie nicht weiterkommen oder Aufgaben nicht zu Ende führen. Wie die hier im Folgenden dargestellten **zwölf Stolpersteine**.

Überlegen Sie, wie Sie diese Stolpersteine in Zukunft „überspringen" können. Damit tun Sie nicht nur etwas für Ihr Selbstmanagement, sondern vor allem auch etwas für Ihr **Selbstbewusstsein**, Ihre **innere Balance** und Ihre **psychische Gesundheit**.

1. Ablenkungen und Störungen

Jede*r Erzieher*in kennt sie: Ablenkungen und Störungen. Sei es das Telefon, jemand an der Tür oder sonstige Dinge, wie z.B. Personalausfall, Anforderungen vom Träger oder den Eltern. Das Problem dabei: Man wird immer wieder aus seiner Tätigkeit herausgerissen.

Deshalb nehmen Sie sich für wichtige und dringende Erledigungen Zeit und Raum, in dem Sie **ungestört** sind:

- Wechseln Sie sich mit Telefon- und Türdiensten mit Ihren Kolleg*innen ab (z.B.: Jeden Tag ist eine andere Gruppe dran).
- Sammeln Sie Anfragen in Form von E-Mails oder auf einer Liste und arbeiten Sie dann alle auf einmal ab.
- Als Kita-Leitung können Sie Telefon- und Gesprächszeiten festlegen, auf die Sie und Ihre Mitarbeiter*innen Eltern und Interessierte verweisen können (z.B.: montags von 9–11 Uhr und donnerstags von 14–16 Uhr).
- Als Erzieher*in nehmen Sie sich regelmäßig eine „kinderfreie Zeit“, in der Sie ungestört arbeiten können (z.B.: nutzen Sie dafür Randzeiten, in denen wenig los ist oder planen Sie diese gezielt im Team).

2. Stress

Von Kindern wissen wir, dass sie nicht lernen können, wenn sie gestresst sind. Stress sorgt dafür, dass man nicht mehr klar denken kann. Gerade in unserer heutigen Zeit ist das „nicht abschalten“-Können ein Problem geworden. Wir sind es gewohnt, immer zur Verfügung zu stehen und die Informationen sofort zu bekommen (Onlineshopping und Smartphones machen es möglich). Stress wirkt sich deutlich auf unsere körperliche Verfassung aus. Man ist schneller gereizt, überfordert und verliert die Übersicht. Darum seien Sie **achtsam** mit sich:

- Achten Sie auf Ihre Pausen und nutzen Sie diese sinnvoll.
- Denken Sie voraus, indem Sie frühzeitig mit Dingen anfangen, sich rechtzeitig mit kommenden Ereignissen auseinandersetzen und vorbereitet sind.
- Nehmen Sie Druck raus, es muss nicht alles sein und vor allem nicht sofort.
- Verteilen Sie Aufgaben und Verantwortungen im Team.

3. Ziel- oder perspektivlos

Wo wollen Sie hin? Ohne Ziel und Perspektive kann es schwer sein, den Sinn oder Nutzen einer Sache zu sehen. Ohne Ziel kein Erfolgserlebnis. Das kann sehr unbefriedigend sein. Menschen haben ein Grundbedürfnis nach **Selbstwirksamkeit**, etwas von sich zu geben, einen Unterschied zu machen, sich selbst auszudrücken, etwas zu verändern, an sich selbst zu wachsen, Herausforderungen zu meistern, Neues zu lernen und von den eigenen Erfahrungen weitergeben zu können. In einer Zeit, in der wir finanziell und körperlich grundversorgt sind, wird das Bedürfnis nach Selbstverwirklichung deutlicher. Sie besitzen Ressourcen, Fähigkeiten und Stärken, die wertvoll für Ihre Einrichtung sind.

Fallbeispiel

Stellen Sie sich vor, Sie fahren den ganzen Tag mit dem Auto durch die Gegend, ohne Ziel. Das kann eine Zeit lang nett und spannend sein. Aber es frisst eine Menge Sprit. Überlegen Sie sich, wofür Sie diesen „Sprit" investieren möchten, wo er Sie hinbringen soll.

Vernachlässigen Sie dieses Bedürfnis nicht. Überlegen Sie sich, wie Sie diesem im Kleinen und auch im Großen nachkommen können. **Finden Sie Perspektiven und Ziele** für Ihre persönliche Kompetenz, aber auch für Ihre pädagogische Arbeit. Das Stellen dieser Fragen hilft Ihnen dabei:

- Was möchten Sie mit Ihrer Arbeit erreichen?
- Wo möchten Sie Teil der Veränderung sein?
- Was wollen Sie lernen?
- Wo wollen Sie über sich hinauswachsen?
- Was möchten Sie in Ihrer Arbeit verbessern?

4. Über- oder Unterforderung

Fallbeispiel

Ein Baby, das auf dem Boden liegt und sich gerade mal drehen kann, wird nicht übermorgen einen Marathon laufen. Oder ein Kind, das gerade mal zehn Wörter spricht, wird nächste Woche nicht gleich eine ganze Geschichte erzählen.

Wenn die Aufgaben an Menge, Zeitaufwand und Schweregrad zu hoch sind, kann diese Überforderung lähmend sein. Es führt zu Anspannung, Frustration, Kontrollverlust und Hilflosigkeit. Betroffene möchten solchen Aufgaben meist entgehen.

Ebenso kann eine Unterforderung zum Problem werden. Eine Untererregung kann zu Langeweile, Müdigkeit, Lustlosigkeit und depressiven Stimmungen führen.

Aufgaben, die dem **eigenen Potenzial entsprechen**, anspruchsvoll sind, aber nicht überfordern, geben einen angemessenen Anreiz.

Achten Sie darauf, dass:

- die Ihnen zugeteilten Aufgaben aus einem ansprechenden Mix bestehen (anspruchsvolle Tätigkeiten wie Elterngespräche führen und anspruchslose Tätigkeiten wie Putzen),
- die Menge der Aufgaben ausgewogen ist, Sie nicht viel zu viel zu tun haben, aber auch nicht zu wenig,
- der Zeitaufwand während Ihrer Arbeitszeit zu bewältigen ist,
- es Neues für Sie zu lernen gibt, aber Sie auch das machen können, was Ihren Stärken entspricht.

5. Schlechte Kommunikation

Wenn Sie im Team schlecht kommunizieren, beeinflusst das Ihr Zeitkonto negativ. Missverständnisse, Schuldzuweisungen, zu wenige Informationen, falsche Ansprechpartner*innen, sinnlose Diskussionen und viele weitere Kommunikationsprobleme behindern die Arbeit. Schauen Sie sich Ihre **Kommunikationsstrukturen** an. Wo verschwenden Sie in der Kommunikation Zeit? Wie können Sie diese Zeitfresser eliminieren?

Versuchen Sie, **direkt, empathisch, ehrlich, wertschätzend und transparent** zu kommunizieren. Bedenken Sie auch, dass zum Kommunizieren Zuhören gehört, auch das will gelernt sein.

Kommunikation gleicht einem Fluss, der ständig fließt. Wie sieht Ihr Flussbett aus, durch das die Kommunikation fließt? Das Stellen dieser Fragen hilft Ihnen:

- Gibt es klare Kommunikationsregeln?
- Gibt es einen Kommunikationsverlauf?
- Wissen Sie, mit welchem Thema Sie sich an wen wenden müssen?
- Wann wird was kommuniziert und besprochen?
- Gibt es klare Absprachen?
- Gibt es eine entsprechende Aufbereitung von Informationen (manche eignen sich besser zur mündlichen Weitergabe, andere sollten verschriftlicht werden)?
- Welche Kommunikationskanäle gibt es bei Ihnen (Teamsitzungen, Kalender, Notizbücher, Informationszettel, Protokolle ...) und werden diese sinnvoll genutzt?

6. Chaos

Man fühlt sich wohler und ist leistungsfähiger, wenn man in einer ordentlichen Umgebung ist. Äußere Ordnung schafft auch innere Ordnung. Umgekehrt schafft äußeres Chaos auch innerliche Unordnung. Zudem findet man sich in einem aufgeräumten und sauberen Umfeld besser und schneller zurecht. Wie viel Zeit haben Sie schon damit verschwendet, Dinge zu suchen? Deshalb:

- Schmeißen Sie alles, was Sie nicht benötigen, sofort weg.
- Schaffen Sie sich ein sinnvolles und klares Ablagesystem an.
- Nutzen Sie Warte- und andere Leerzeiten zum Aufräumen.
- Legen Sie für alles einen festen Ort fest.
- Beschriften Sie die Orte, damit jeder weiß, was wohin kommt.
- Räumen Sie Dinge nach der Benutzung wieder an den dafür vorgesehenen Ort.
- Eignen Sie sich Aufräum-Routinen an (z.B.: Immer freitags räumen wir die Garderoben auf, im Spätdienst werden alle Ablagen freigeräumt ...).
- Wählen Sie Ablagen und Regale aus, die immer frei von „Kram" sind.
- Schaffen Sie Transparenz für die Kinder, indem Sie Kisten, Regale, Schälchen usw. mit entsprechenden Bildern bekleben.

7. Selbstsabotage oder schlechtes Selbstbild

Menschen neigen dazu, sich selbst abzuwerten. Vor allem die steigenden beruflichen Anforderungen an Erzieher*innen, können dazu führen, dass man dem nicht gewachsen ist und sich leicht überfordert fühlt. In Kombination mit einem geringen Selbstwertgefühl kann das zu falschen inneren Überzeugungen führen, wie: Ich bin nicht gut genug, ich mache alles falsch, ich kann das nicht, das klappt doch nie, niemand versteht mich, ich werde immer übersehen, niemand interessiert sich für mich, keine*r will hören, was ich sage, ich kann niemandem vertrauen, ich weiß nichts ...

Diese Form der Selbstkritik, Angst, Wertlosigkeit, und des ständigen Vergleichs mit anderen führt schnell in eine **Abwärtsspirale**. Wenn Sie sich selbst so negativ wahrnehmen, dann beginnen die anderen, Sie ebenfalls so zu sehen, und dann sehen Sie sich selbst im Spiegel der anderen und fühlen sich schlecht.

Der erste Schritt aus dieser Spirale ist, sich selbst und andere nicht mehr negativ zu bewerten. Fangen Sie an, die **positiven Seiten** und das Potenzial der anderen zu entdecken. Finden Sie gemeinsame Werte, Ziele und Lösungen, für die es sich gemeinsam zu kämpfen lohnt. Dabei hilft:

- sich selbst regelmäßig reflektieren,
- nicht alles persönlich nehmen,
- ehrlich analysieren, welche Kritik berechtigt ist und welche nicht,
- positiv denken und handeln,
- erst einmal kleine Hürden bewältigen,

- Ermutigungen aufschreiben und immer mal wieder anschauen,
- sich mit sich selbst vergleichen (und nicht mit anderen),
- aus Fehlern lernen, aber sich davon nicht ent-, sondern ermutigen lassen.

Teamaufgabe

*Nehmen Sie für jedes Teammitglied ein DIN-A4-Papier und schreiben Sie in die Mitte den Namen der Person. Nun geht es reihum und jede*r schreibt eine Ermutigung, ein Lob, eine Wertschätzung, etwas Positives auf dieses Papier. Am Ende bekommt jede*r das Papier mit seinem*ihrem Namen und den dazugehörigen Ermutigungen und Wertschätzungen.*

8. Prokrastination (aufschieben)

Prokrastination bedeutet, dass Tätigkeiten immer wieder aufgeschoben werden. Es gibt Dinge, die schiebt man ständig vor sich her oder für die bleibt im Alltagstrubel keine Zeit. Diese Sachen bleiben dann einfach auf der Strecke. Oft liegt das auch daran, dass man gefühlt noch ewig Zeit hat. Aber plötzlich gerät man in Stress, weil das Ereignis auf einmal vor der Tür steht.

Mit dieser Form des Aufschiebens **betrügt** man sich selbst. Um eine unangenehme Situation zu umgehen, verschiebt man diese auf später und findet Gründe dafür, warum man sie nicht jetzt erledigen kann. Damit ist das Unangenehme nicht weg, sondern nur verschoben. Das erzeugt Druck, Stress und schafft Probleme, die nicht da wären, wenn man die Dinge **sofort** angeht. Tipps:

- Arbeiten Sie wenigstens ein paar Minuten an der Aufgabe.
- Fangen Sie mit einem kleinen Teil oder einem leichten Schritt an.
- Machen Sie sich einen Plan/eine Strategie, wie Sie die Aufgabe bewältigen können.
- Schreiben Sie sich die zu erledigende Aufgabe auf und brechen Sie sie runter in kleine Schritte.
- Überlegen Sie sich zwei andere unangenehme Aufgaben und verpflichten Sie sich dazu, eine von diesen Aufgaben jetzt zu erledigen.

9. Keine Hilfe annehmen

Aufgrund personeller und finanzieller Knappheit ist es üblich, dass in Kitas wenige Ressourcen zur Verfügung stehen.

Erzieher*innen bringen oft eine beachtliche Kompetenz mit, diesen Mangel durch Kreativität, Stärke und Ausdauer auszugleichen. Da man das so gewöhnt ist, entsteht jedoch schnell die Gefahr, dass es einem schwerfällt, Hilfe anzunehmen, und dass man stattdessen versucht, den Arbeitseinsatz mit den eigenen, wenigen Mitteln zu bestreiten. Dazu gehört auch Arbeitseinsatz nach Feierabend, in der Pause, am Wochenende und während des Urlaubs.

Pausen, Wochenenden und Urlaube dienen jedoch der Erholung und sollten bewusst dazu genutzt werden. Sie können effizienter und produktiver arbeiten, wenn Sie zwischendurch abschalten und sich Zeit nehmen, um Kraft zu tanken.

Andererseits kann es auch sein, dass man zu stolz ist, Hilfe anzunehmen, oder anderen etwas beweisen will. Auch der Trugschluss, es selbst besser oder schneller machen zu können, sind Gründe, warum man keine Hilfe annimmt und sich selbst überfordert.

Lernen Sie, Hilfe anzunehmen, Aufgaben zu delegieren und als Team zu arbeiten:

- Verteilen Sie Aufgaben, die sich leicht verteilen lassen. Überlegen Sie dabei, wer die geeignetste Person sein könnte.
- Erlauben Sie anderen, zu lernen, und erklären Sie die Tätigkeiten so, dass andere sie leicht übernehmen können.

- Arbeiten Sie so, dass andere Ihre Arbeit leicht durchschauen und fortführen können (z. B.: Beschriften Sie Dinge möglichst klar, machen Sie eine Liste, geben Sie Aufgaben einen klaren Titel, beschreiben Sie die Sache genau).
- Rückversichern Sie sich, dass der oder die andere Sie richtig verstanden hat.
- Bitten Sie aktiv um Hilfe: Das ist kein Zeichen der Schwäche, sondern die Fähigkeit, zusammenarbeiten zu können!

10. Multitasking

Auch wenn Frauen als die besseren „Multitaskerinnen" gelten und im Elementarbereich der Frauenanteil noch deutlich überwiegt, bedeutet das nicht, dass Sie auch „multitasken" müssen.

Natürlich können Sie in der Kita „multitasken", wenn es sich anbietet. Und manchmal bleibt Ihnen keine Wahl, weil im Kita-Alltag oft mehrere Dinge gleichzeitig passieren. Dennoch sollten Sie so oft wie möglich darauf verzichten. Denn nur eine Aufgabe zu einer Zeit zu erledigen, erhöht die Effektivität. Multitasking erfordert einen Konzentrationswechsel auf verschiedene Handlungen. Jedes Mal, wenn Sie ihren Hauptfokus wechseln, müssen Sie sich auf etwas anderes konzentrieren. Das kostet nicht nur Zeit, sondern auch Energie. Wie beim Jonglieren: Je mehr Bälle Sie gleichzeitig in der Luft halten, desto komplizierter wird es.

Man fängt überall mal irgendwas an, aber bringt es nicht zu Ende. Man springt von Aktion zu Aktion. Es bleiben viele offene, lose Enden und man hat das Gefühl, nichts geschafft zu haben. Dadurch ist man den ganzen Tag beschäftigt, ohne wirklich etwas zu erledigen. Denn diese losen Enden spinnen weiter als unerledigte To-dos im Kopf herum. Und obwohl man viel getan hat, hat man kein Erfolgserlebnis. **Sie können sich nur auf mehrere Dinge gleichzeitig konzentrieren, wenn Sie sie hintereinander erledigen.** Deshalb:

- Versuchen Sie, so viele Dinge wie möglich zuerst zu Ende zu bringen, bevor Sie eine neue Aufgabe beginnen.
- Schreiben Sie ihre „losen Enden" (Unerledigtes) auf und überlegen Sie, wie sie damit umgehen.
- Seien Sie achtsam im Umgang mit Aufgaben. Überlegen Sie, ob Sie diese Sache wirklich jetzt machen können oder ob Sie zuerst etwas anderes beenden müssen.
- Auch Kinder, Kolleg*innen und Eltern brauchen Ihre volle Aufmerksamkeit. Versuchen Sie, sich Räume und Gelegenheiten zu schaffen, in denen Sie diese volle Aufmerksamkeit geben können.

11. Perfektionismus

Perfektionismus ist ein großer **Zeitdieb**, denn Perfektionismus kann ewig fortgeführt werden. Eine Sache kann gut, besser, am besten, perfekt, perfekter, am perfektesten gemacht werden.

Dabei ist das Problem oft, dass man sich in Kleinigkeiten verzettelt. Dass die Details wichtiger sind als das große Ganze. Dass es auf das Ergebnis ankommt und nicht den Prozess. In unserer Leistungsgesellschaft zählt die Medaille oder die gute Note mehr, als sein Bestes zu geben und sich anzustrengen. Dahinter steht oft die Angst, zu scheitern, ausgelacht oder beschimpft zu werden. Es führt ebenfalls dazu, dass man Aufgaben nicht abgeben kann und über alles die Kontrolle benötigt, sodass vieles an einem selbst hängen bleibt.

Perfektionismus kann dazu führen, dass man sich völlig verausgabt und über seine Belastungsgrenzen hinaus arbeitet. Oft geht damit auch eine Kritikunfähigkeit einher. Dieses Denken in Gewinnen oder Verlieren ist einseitig und falsch. Wer seine Anerkennung aus der großartigen Leistung zieht oder nur glücklich ist, wenn er ein überragendes Ergebnis hat, der kann diese Wertschätzungen anderen auch nur über diese Parameter schenken. Dabei ist jedes Menschenleben wertvoll. Wie einfach fällt es uns, Liebe einem Baby entgegenzubringen, das nichts tut und trotzdem liebenswert ist.

Und manchmal ist gerade das Unperfekte perfekt. Aus einem Kritzelbild kann ein wahres Kunstwerk entstehen. Fehler können dazu führen, dass man etwas Neues entdeckt oder lernt. Im Guten kann Perfektionismus eine Form der Wertschätzung sein: Ich mache es besonders schön für dich, genau weil ich dich mag. (Perfektionismus im Schlechten: Ich gebe mir Mühe, nur damit du mich magst.) Überwinden Sie Perfektionismus:

- Erlauben Sie sich und anderen, Fehler zu machen. Sehen Sie diese als eine wertvolle Ressource an, um daran zu wachsen.
- Machen Sie es lieber fertig als perfekt.
- Schätzen Sie den Prozess wert, manchmal ist der Weg das Ziel.
- Nehmen Sie sich die Kinder zum Vorbild: Sie malen oder schneiden manchmal nur, um den Prozess des Malens oder Schneidens zu vollziehen und das Ergebnis landet am Ende im Müll.
- Loben Sie bewusst die Anstrengung oder den Prozess von jemandem und nicht das Ergebnis.
- Seien Sie ehrlich zu sich selbst: Ist Ihr Perfektionismus im guten (weil ich dich mag) oder im schlechten Sinne (damit du mich magst)?

12. Fremdsteuerung

Die Arbeit ist ein Teil des Lebens, bei dem man sich selbst Ausdruck verleiht. In unserem Tun drücken wir aus, wer wir sind. Das, was wir tun, ist Teil unserer Identität. Etwas erfolgreich zu Ende zu bringen, kann den Antrieb geben, Neues und mehr auszuprobieren. Wenn wir etwas aus **eigenem Antrieb** schaffen, dann werden Glückshormone im Körper ausgeschüttet. Erfolgserlebnisse motivieren, mehr zu tun.

Wenn uns hingegen zu viele Anforderungen und Auflagen von außen übergestülpt werden, können wir schnell überfordert, genervt und gestresst sein. Dann können wir nur noch reagieren und agieren nicht mehr. Wir brauchen Ziele, und zwar nicht nur vorgegebene Ziele von außen, sondern auch eigene Ziele. Damit wir in der Lage sind, selbstbestimmt handeln zu können. Dann hat man auch das Gefühl, selbst wieder die Entscheidungen zu treffen und **aktiv zu handeln**, statt den Gegebenheiten ausgeliefert zu sein.

Aufgabe des Arbeitgebers ist es, dafür zu sorgen, dass Sie Ihre Arbeit tun. Dazu gibt er Handlungsaufforderungen. Es gibt klare Anweisungen, an die Sie sich halten müssen. Dennoch ist es wichtig für Ihr Selbstwertgefühl, dass Sie sich Zeit nehmen und herausfinden, was für Sie wichtig ist. Denn dann können Sie mit anderen in eine Verhandlung und einen Austausch gehen. Ihre Wünsche und Ziele mitteilen.

Fallbeispiel

Eltern wünschen sich, dass Sie die Vorschulkinder fördern und etwas mit ihnen unternehmen. Eltern fordern das vielleicht, weil Ihre Ziele unbekannt sind, oder aus eigenen Ängsten heraus, weil sie sich um ihre Kinder sorgen. Finden Sie heraus, was hinter den Anforderungen steht und kommunizieren Sie Ihre Ziele, wie z. B.: Wir möchten erst ein Gemeinschaftsgefühl in der Gruppe schaffen oder wir fördern die Vorschulkinder, indem sie Aufgaben im Alltag übernehmen und so selbstsicher werden. Im besten Fall noch bevor Eltern an Sie Anforderungen stellen. Und dann können Sie sich im Gegenzug ein paar besondere Ausflüge ausdenken und den Eltern damit entgegenkommen. Denn auch Eltern haben den Wunsch, mitbestimmen und agieren zu können.

Also:

- Finden Sie heraus, was Sie möchten und wo Sie hinwollen.
- Worauf haben Sie Lust? Was begeistert Sie?
- Kommunizieren Sie Ihre Wünsche, Ziele und Erwartungen.
- Geben Sie der Verfolgung Ihrer eigenen Ziele Raum im Alltag.
- Seien Sie offen für Anregungen, Wünsche und Ziele von außen (z. B.: Eltern, Träger und Leitung) und signalisieren Sie so, dass jeder das Recht hat, seinem Selbst Ausdruck zu verleihen.

Allgemeiner Hinweis

!

Wenn Sie mit einem dieser Stolpersteine tiefgreifende Probleme haben, dann könnte ein erster Schritt zur Klärung sein, den Mut aufzubringen, sich im Team über diese Probleme auszutauschen und zu erfahren, dass es anderen genauso geht. Sollte das Ihre Schwierigkeiten beim Bewältigen der Stolpersteine nicht wesentlich reduzieren, dann könnte es hilfreich sein, wenn Sie sich professionelle Hilfe bei einem Arzt oder Therapeuten Ihres Vertrauens holen.

Hilfreiche Prinzipien

Professionelles Handeln kann nur dort geschehen, wo auch eine entsprechende Haltung vorherrscht. Im Handeln wird die **Haltung** sichtbar. Besonders für Erzieher*innen ist die pädagogische Haltung eine wichtige Komponente der **Qualität**. Haltung ist eine komplexe Zusammensetzung, die individuell in der eigenen Persönlichkeit verankert ist und sich aufgrund verschiedener Erfahrungen zusammensetzt. Was Sie tun, ist von Ihrer inneren Haltung geprägt. Eine Handlung geschieht also nicht unbedingt rational und logisch. Wenn Sie Ihr Verhalten ändern möchten, müssen Sie sich vor allem mit Ihrer Haltung auseinandersetzen. Diese **regelmäßig zu reflektieren**, ist Voraussetzung für eine qualitative pädagogische Arbeit.

Auch auf das Zeitmanagement lässt sich dieser Umstand übertragen. Es gibt hilfreiche Werkzeuge, die das eigene Zeitmanagement verbessern können. Diese können erlernt und bewusst angewandt werden. Aber man handelt nicht immer bewusst. Im Folgenden werden Prinzipien aufgezeigt, die eine **positive Haltung zum Zeit- und Selbstmanagement** schaffen. Je mehr man sich mit den folgenden Prinzipien beschäftigt und auseinandersetzt, desto eher werden sie erst als Handlung und später auch als Haltung ins Leben integriert, sodass sie automatisiert ablaufen.

1. Verantwortung übernehmen

Der erste und wichtigste Schritt für ein erfolgreiches Zeitmanagement ist, dass Sie Verantwortung für Ihre Zeit übernehmen. Verantwortung für sich selbst, das eigene Handeln und den Umgang mit der Zeit. Sie haben es in der Hand. Lernen Sie, sinnvoll mit der Ihnen zur Verfügung stehenden Zeit umzugehen. Treffen Sie gute Entscheidungen, sagen Sie Nein zu Zeitdieben, setzten Sie Prioritäten, planen Sie Ihr Jahr, die Monate, Wochen und Tage. **Es ist Ihre Zeit**, Ihr Leben und Ihre Arbeitsstelle. Sie tragen die Verantwortung dafür, wie Sie damit umgehen.

Probleme, Schwierigkeiten und Hindernisse wird es immer wieder geben. Aber dieser eine Moment kommt nicht zurück. Lernen Sie aus den Momenten und wachsen Sie an Problemen, schwierigen Menschen und ungünstigen Umständen.

In dem Begriff „**Verantwortung**" steckt das Wort „**Antwort**". Wenn Sie die Verantwortung übernehmen, dann haben Sie auch die Antwort (also die Lösung) für das Problem in der Hand.

2. Lösungsorientiert denken und handeln

Ja, die Kolleg*innen machen Fehler und die Eltern verlangen Unnötiges und der Erzieher*innenjob ist hart. All das kann sein, aber wenn Sie sich permanent nur beschweren, werden sich diese Umstände nicht ändern. Im Gegenteil, es vermiest Ihnen die Stimmung. Denken Sie um. Statt nur passiv über all die Schwierigkeiten zu meckern, nutzen Sie Ihre Zeit einfach sinnvoll. Werden Sie **aktiv**. Fangen Sie an, sich und Ihr Handeln zu verändern. Seien Sie ein Vorbild. Tun Sie das, was Sie sich von anderen wünschen.

Es ist in Ordnung, dass Sie sich ärgern, überfordert fühlen oder verzweifelt sind. Das dürfen Sie sein. Gestehen Sie sich Ihre Gefühle zu, nehmen Sie sie wahr und fragen Sie sich dann, ob Sie sich weiter so fühlen möchten. Wenn nicht:

- Wie möchten Sie sich denn fühlen?
- Und wie können Sie das erreichen?
- Was können Sie ändern?

Dann sind Sie achtsam mit sich und Ihren Gefühlen und öffnen sich für Lösungen, die Sie in Ihrem Ärger gar nicht wahrgenommen haben. Es geht um Sie, um Ihre Zufriedenheit und Ihre Zeit. Suchen Sie nach Lösungen und Möglichkeiten. Nach Wegen und Ideen, wie Sie das umsetzen können, was bedeutungsvoll für Sie ist. Wenn Sie wirklich wollen, dann werden Sie eine Lösung finden. Halten Sie nur die **Augen auf**.

Eine Möglichkeit vom „Beschwerde-" in den „Lösungsmodus" zu kommen, ist, sich die richtigen Fragen zu stellen:

- Was würde passieren, wenn ich genau das Gegenteil von dem tue, was ich jetzt tue?
- Was habe ich zu verlieren, wenn ich einfach mal versuche, XY zu tun?
- Wie könnte ich es noch schlimmer machen?
- Welche Gründe sprechen dafür, dass es besser ist, wenn alles so bleibt, wie es ist?
- Welchen ersten kleinen Schritt müsste ich machen, um die Situation für mich zu verbessern?

3. Ressourcenorientiert denken und handeln

Bei den Kindern machen Sie es auch. Sie schauen auf deren Stärken, fördern diese. Sie nutzen die Stärken der Kinder, um sie in schwächeren Bereichen zu fördern. Kinder, die Förderung in ihrer Feinmotorik benötigen, werden Sie z. B. mit kleinen Steinen bauen lassen, weil Bauen ihre Leidenschaft ist. Wenden Sie das gleiche Prinzip bei sich selbst an.

Nutzen Sie Ihre Ressourcen, Fähigkeiten und schauen Sie nach dem, was Sie können und haben.

Fallbeispiel

Ein Kind schreit permanent und versucht, seinen Willen durchzusetzen. Klingt erst mal anstrengend und nervig. Aber dieses Kind hat eine großartige Ressource. Es gibt nicht auf und obwohl Sie Nein sagen, fordert das Kind weiter. Was für ein Durchsetzungsvermögen und eine Standfestigkeit. Was können Sie davon lernen? Wo haben Sie vielleicht zu schnell aufgegeben?

In vielen Problemen stecken Ressourcen. Werden Sie zu einem*r **Schatzsucher*in**, der*die nach diesen Ressourcen sucht und nutzen Sie diese. Fragen, die Sie sich bei der Suche stellen können, sind:

- Was begeistert Sie?
- Was können Sie richtig gut?
- Wovon möchten Sie mehr auf der Arbeit?
- Was ist Ihnen in letzter Zeit besonders gut gelungen?
- Was ist den Eltern gelungen? Den Kolleg*innen? Der Leitung?
- Welche Stärken hat Ihr Träger?

4. Fehler und Rückschritte sind erlaubt

Es geht nicht um Leistung, sondern um Fortschritt. Sie dürfen **wachsen**, sich entwickeln, lernen und Sie dürfen scheitern. Geben Sie bei Ihrer Planung Ihr Bestes, bereiten Sie sich vor und beziehen Sie so viele Hindernisse wie möglich mit ein.

Aber erlauben Sie sich auch, dass Sie Fehler machen, dass etwas nicht funktioniert oder schiefgeht. Es darf unperfekt sein und sogar komisch aussehen. Bleiben Sie dabei nur nicht stehen, sondern lernen Sie etwas daraus. Machen Sie es in Zukunft anders, berücksichtigen Sie gemachte Fehler. Und dann ziehen Sie los und machen wieder Fehler. Und mit jedem Mal werden Sie besser in dem, was Sie tun. Und mit jedem Mal wird auch Ihr Zeitmanagement besser. Also **erlauben** Sie sich, auszuprobieren, zu scheitern, Fehler zu machen und Rückschritte zu gehen.

5. Ausreden ade!

Es ist ein Leichtes, der Zeit die Schuld dafür zu geben, dass man Dinge nicht machen oder umsetzen kann. Und auch ist es leichter, den anderen, den Umständen, den Problemen und vielem mehr die Schuld zu geben. Hören Sie auf, jemandem oder etwas die Schuld zu geben. Auch sich selbst brauchen Sie keine Schuld zu geben. Schuldzuweisungen helfen nicht weiter. Das ist im wahrsten Sinne des Wortes: „Zeitverschwendung". Statt den, der, die oder das Schuldige zu verfolgen, nutzen Sie Ihre Ressourcen und Stärken und beginnen Sie, nach dem zu suchen, was Sie tun können. Seien Sie mutig und kreativ und probieren Sie auch mal etwas Neues aus. Lassen Sie sich inspirieren, herausfordern und seien Sie offen für Neues, das wird nicht nur Ihre Arbeit sondern auch Ihr Leben bereichern. **Entlarven Sie Ihre Ausreden** und beweisen Sie sich das Gegenteil. Typische Ausreden sind z.B.:

- Ich habe keine Zeit. (Dann nehmen Sie sich welche!)
- Das haben wir noch nie gemacht. (Höchste Zeit, es mal auszuprobieren!)
- Ich kann das nicht. (Sie können es lernen!)
- Das funktioniert doch eh nicht oder das geht nicht. (Wirklich? Und was, wenn doch?)
- Wenn wir den kleinen Finger reichen, dann ... (Könnte der andere sich vielleicht wertgeschätzt fühlen?)
- Das ist viel zu viel Arbeit, wir haben schon genug zu tun. (Und wenn es eine langfristige Investition ist, die sich am Ende auszahlt?)

6. Investieren

Meistens betreuen Sie ein Kind über mehrere Jahre. Sie haben also Zeit, es kennenzulernen, individuell zu fördern und es aufwachsen zu sehen. **Pädagogische Arbeit ist langfristig ausgelegt.** Sie können nicht jetzt sofort dem Kind etwas beibringen. Es braucht Zeit, Geduld und viele Stunden Übung, um mit der Schere umzugehen, die Schleife zu binden und allein die Rutsche hinaufzukommen. In der Kita geht es darum, Zeit zu investieren.

Auch im Zeitmanagement müssen Sie zunächst einmal Zeit investieren, um Zeit zu gewinnen. So, wie Sie jetzt gerade dieses Buch lesen. Sie stecken erst mal viel rein, bevor ein Ergebnis sichtbar wird.

Fallbeispiel

Wie bei einem Samenkorn, das lange verborgen in der Erde ist. Sie wissen, dass irgendwann etwas daraus wächst. Sie kämen ja auch nicht nach drei Tagen auf die Idee: Ach, das wird nix, ich buddele den Samen wieder aus.

Machen Sie sich das Prinzip des Investierens bewusst. Das bedeutet, Sie müssen Vertrauen haben in etwas, das Sie jetzt noch nicht sehen. Wenn Sie sich die Zeit nehmen, um zu planen, vorzubereiten oder strategisch vorzugehen, dann werden Sie irgendwann die Früchte Ihrer Investition ernten können.

7. Langfristig denken

Wenn Sie Spielzeug für die Kita kaufen, dann achten Sie darauf, dass es eine gute Qualität hat und möglichst lange haltbar ist. Sie wissen, dass die Sachen viel bespielt werden. Sie denken langfristig. Wenn Sie den Eltern am Ende des Jahres eine kleine Fotoshow des Kita-Jahres bei einem Elternabend zeigen möchten, dann müssen Sie während des gesamten Kita-Jahres immer mal wieder Fotos machen und wichtige Ereignisse in Bild und vielleicht auch Ton festhalten. Dazu müssen Sie frühzeitig mit den Vorbereitungen beginnen. Im Gegenzug dazu ist im hektischen Alltag Ihr Blick eher auf die kurzfristigen Dinge gerichtet: Wer muss noch gewickelt werden? Was basteln wir morgen? Wo ist das Transparentpapier, das ich letzten Monat bestellt habe? Und plötzlich steht ein Ereignis vor der Tür, das noch schnell vorbereitet werden muss.

Um die Qualität Ihrer pädagogischen Arbeit zu sichern und zu steigern, müssen Sie **vorausschauend planen** und dabei Ihre langfristigen Ziele und Ideen verfolgen. Denken Sie also nicht nur an den Elternabend, der jetzt bald stattfindet, sondern gleich auch an die zukünftigen Elternabende. Überlegen Sie, was Sie jetzt tun können, um langfristig davon zu profitieren.

Tipp

Sie suchen jede Woche aufs Neue aus den unterschiedlichsten Vorlagen Lieder aus, um sie zu kopieren? Legen Sie sich am besten einmal einen Liederordner an, den Sie dann das ganze Kita-Jahr benutzen können. So haben Sie langfristig viel Zeit gespart.

8. Zeitmanagement ist individuell

Nicht jede Methode, jedes Werkzeug und jede Vorlage ist für alle Menschen und Situationen geeignet. Manche mögen z. B. ihren Kalender minimalistisch mit klaren Linien und nur den wichtigsten Inhalten, andere mögen es bunt und voll mit Stickern und Bildchen und entspannen sich, während sie diesen gestalten. Und manche mögen es gern dazwischen. Und Sie, wie mögen Sie Ihr Zeitmanagement? Ihren Kalender? Ihre Planung? Gutes Zeitmanagement ist das, was für Sie selbst **funktioniert**.

Vielleicht tun Sie sich mit Brainstorming schwer oder aber Sie bleiben gern flexibel und schaffen es nur schwer, einen Plan mit festen Uhrzeiten einzuhalten. Dann versuchen Sie sich in alternativen Methoden oder bedienen sich anderer Tools (Werkzeugen). Sie können aus der Fülle an Möglichkeiten schöpfen. Gut ist, was für Sie und Ihre aktuelle Situation funktioniert.

Aber sagen Sie nicht: „Es funktioniert eh nicht für mich", ohne es ausprobiert zu haben, sagen sie dann lieber: „Ich weiß nicht, ob es für mich funktioniert, ich habe es nicht ausprobiert und möchte es auch gerade nicht ausprobieren".

9. Aufschreiben!

Aufschreiben, aufschreiben und nochmals aufschreiben. Es kann nicht oft genug betont werden, wie wichtig es ist, die Sachen, die Sie beschäftigen, zu notieren. Am besten haben Sie dazu ein geeignetes System. Beispielsweise ein Notizbuch, einen Kalender oder einen Ordner. Auch wenn Sie meinen, Sie haben alles im Kopf. Schreiben Sie es trotzdem nieder. Das Aufschreiben bietet viele Vorteile. Der wohl wichtigste ist: Es ist aus ihrem Kopf. Alles, was sie aufschreiben, **entlastet** ihr Gehirn. Sie wissen, es steht irgendwo, und Sie müssen es nicht in ihrem Gedächtnis behalten und die Gefahr ist auch nicht so groß, dass es vergessen wird. Denn es ist anstrengend und mühsam, alles zu behalten und an alles zu denken. Das ist stressig und anfällig dafür, dass Sie wichtige Informationen vergessen. Machen Sie in Ihrem Gehirn Platz für wichtigere Dinge, indem Sie aufschreiben, was Ihnen im Kopf herumgeht. Wenn Sie Aufgaben aufschreiben, können Sie ihnen einen festen Platz zuweisen. Sie schwirren nicht bunt in Ihrem Kopf herum, sondern werden vielleicht zu einem bestimmten Zeitpunkt (z. B. wenn alle Kinder aus der Gruppe draußen sind, im Frühdienst oder an einem bestimmten Datum) erledigt. Voraussetzung dafür ist natürlich, dass man sich angewöhnt, jeden Morgen in seinen Kalender/Planer/Ordner zu schauen, was ansteht.

Wenn Sie im Team gemeinsam eine Liste führen, auf der alles, was anfällt, notiert wird, können alle etwas zur Erledigung beitragen. Dann sind Sie gemeinsam verantwortlich und es bleibt nicht alles an einer Person hängen. So müssen Sie auch weniger untereinander absprechen, denn alle schreiben auf die Liste, was ihnen auffällt, und erledigen das, was sie erledigen möchten und wozu sie Zeit haben. Sie ergänzen sich als Team.

Mit dem Aufschreiben steigt auch die **Verbindlichkeit**. Wenn etwas aufgeschrieben ist, dann fühlt man sich eher verpflichtet, es zu erledigen. Ihr Unterbewusstsein mag nicht gern unerledigte Aufgaben und wird versuchen, einen Weg zu finden, dass Sie die Aufgabe erledigen. Das Aufschreiben hilft Ihnen bei der Umsetzung Ihrer Pläne und sich zu orientieren, Prioritäten zu setzen und eine bessere Struktur und Orientierung für Ihren Arbeitsalltag zu bekommen.

Tipp

Vielleicht fragen Sie sich jetzt: Muss ich denn immer alles notieren und aufschreiben? Definitiv nicht. Als Faustregel gilt: Alles, was kürzer als zwei Minuten dauert, dafür lohnt es sich nicht, den Stift in die Hand zu nehmen und die Sache aufzuschreiben. Dinge, die unter zwei Minuten dauern, sollte man sofort erledigen.

Sie dürfen ganz entspannt sein, denn in diesem Buch bekommen Sie einfache Techniken, Vorlagen und Checklisten an die Hand, die Ihnen dabei helfen, die Dinge aufzuschreiben. Aufschreiben macht Gedanken, Ideen und Überlegungen sichtbar.

10. Dranbleiben/Durchhalten

Auch wenn es Probleme und Schwierigkeiten gibt, bleiben Sie dran. Besonders, wenn man sich mit neuen Themen auseinandersetzt oder neue Fähigkeiten lernt, gibt es Hindernisse, die man zuvor nicht bedacht hat. Es kostet Zeit und Kraft, neue Wege zu gehen.

Es lässt sich leichter auf einem ausgebauten Weg als auf einem Trampelpfad gehen. Zu Beginn versperren Ihnen Dornen, Äste und Büsche sowie Steine den Weg. Doch je öfter Sie diesen Weg gehen, desto fester und breiter wird der Trampelpfad. Und irgendwann ist es ganz leicht, ihn entlangzulaufen.

Neues ist ungewohnt und darum schwieriger zu bewältigen. Vielleicht sind Sie zu Beginn hochmotiviert, Ideen und Tipps aus diesem Buch umzusetzen, und merken im Laufe der Zeit, dass Sie an Ihre Grenzen kommen oder nicht dranbleiben können an dem, was Sie sich vorgenommen haben. Manchmal ist es sogar so, dass man, wenn man sich damit beschäftigt, mehr Probleme auftauchen, als man vorher hatte.

Lassen Sie sich davon nicht entmutigen. Tricksen Sie sich aus. Machen Sie eine Challenge mit sich selbst oder Ihren Kolleg*innen. **Ziehen Sie es durch.** Nur wenn Sie sich durch den schwierigen Teil des Prozesses durchkämpfen, können Sie am Ende sagen, ob Ihr Handeln erfolgreich war oder nicht. Wenn Sie vorher aufgeben, haben Sie es nicht richtig versucht.

Fallbeispiel

Wenn ein Kind eine Figur ausprickelt, dann ist es meist mit Freude am Anfang dabei. Und dann kommt der Mittelteil, bei dem das Prickeln nicht mehr so spannend ist und bei dem es nur noch darum geht, ein Loch neben das andere zu setzen. Wohingegen zum Schluss die Motivation wieder steigt. Denn dann ist ein Ende in Sicht, dann sind alle Linien voll mit Löchern und die geprickelte Figur kann endlich herausgetrennt werden. Das Ergebnis ist da. Aber ohne die schwierige Mitte, für die man sich motivieren muss, gibt es kein Ergebnis.

Legen Sie einen Zeitraum fest, indem Sie das Neue ausprobieren wollen, und bleiben Sie dran.

11. Handeln

Dieses Buch funktioniert am besten, wenn Sie es nicht nur lesen. Wenden Sie die Tipps an, nutzen Sie die Kopiervorlagen, **probieren** Sie die Methoden aus, gestalten Sie Ihre Zeit aktiv. Auch wenn das Lesen allein Ihnen schon wertvolle Hinweise und Inspiration liefert, geht es letztlich darum, Ihr Wissen anzuwenden, Übungen und Kopiervorlagen auszuprobieren und herauszufinden, was Ihnen liegt und gefällt.

Das schönste Luftschloss wird nicht durchs Träumen gebaut, sondern bleibt ein Traum. Ziehen Sie einen Plan durch. Bleiben Sie dran. **Machen** Sie einfach, ohne lange zu überlegen. Lesen und blättern Sie nicht nur dieses Buch durch, sondern benutzen Sie es. Erzählen kann jeder viel. Ihre großartigen Ideen, Gedanken und Ziele sind nichts wert, wenn sie nicht umgesetzt werden. Seien Sie ein*e Macher*in!

12. Spielerisch angehen/experimentieren

Sie müssen Zeitmanagement nicht so ernst nehmen. Sie können es auch spielerisch angehen. Machen Sie dazu ein Wettrennen mit sich selbst oder **gestalten** Sie eine Herausforderung, bei der Sie jede Woche ein Werkzeug aus dem Buch **ausprobieren** oder 30 Tage lang eine bestimmte Tätigkeit vollziehen. Oder überlegen Sie sich eine Belohnung, auf die Sie hinarbeiten und die Sie sich gönnen, wenn Sie etwas Bestimmtes geschafft haben.

Sie können auch Ihr Zeitmanagement als Experiment betrachten und jeden Monat ein neues Werkzeug oder ein Prinzip ausprobieren, um so **vielfältige Erfahrungen** zu machen und herauszufinden, was für Sie funktioniert.

13. Übung macht den Meister

Planung ist etwas, dass Sie lernen können. Sie dürfen ausprobieren, experimentieren und sich selbst herausfordern. Nicht alles, was Sie umsetzen, muss Ihnen gleich gelingen.

Ihren **eigenen Planungsstil** zu finden, ist ein Vorgang, der sich verändern kann. So wie Sie an Ihrer pädagogischen Haltung arbeiten, sich regelmäßig reflektieren, Neues ausprobieren und sich dabei von anderen inspirieren lassen, dürfen Sie auch Ihr Zeitmanagement angehen.

14. Pausen

Sie wissen, dass Pausen gut und wichtig sind. Warum sind Pausen gut? Sie dienen der Regeneration. Dadurch machen Sie weniger Fehler, denn Sie sind konzentrierter und wacher. Pausen sind eine langfristige Investition. Sie kosten Zeit, aber ohne sie sinkt Ihre Leistung. In der Pause können Sie abschalten, neue **Kraft tanken** und so Ihre Denkleistung und Kreativität anregen.

Fallbeispiel

Kinder verarbeiten Gelerntes im Schlaf. Darum haben sie ein höheres Schlafbedürfnis. Sie bekommen so die Zeit, alle Eindrücke zu verarbeiten. Vor dem Schlaf sind sie oft quengelig und können nichts mehr aufnehmen und auch nicht mehr spielen oder sich beschäftigen. Nach dem Schlaf sind sie erfrischt und wenn sie wieder richtig wach sind, auch voller Tatendrang.

Gerade im Beruf des*der Erziehers*in ist es nicht immer leicht, Pausen einzuhalten. Aber sie sind gut und wichtig. Achten Sie darauf, dass Sie diese einhalten können. Seien Sie fair und ermöglichen Sie auch Ihren Kolleg*innen die Pause. Und nutzen Sie die Pause auch wirklich als Pause. In dieser Zeit bereiten Sie bitte nichts vor, schreiben keine E-Mails und gehen auch nichts für die Kita einkaufen.

Und sich mit dem Handy zu beschäftigen, ist nicht die ideale Pause. (Auch wenn das zu lesen jetzt wehtut.) Besser ist es, wenn Sie in Ruhe etwas essen und trinken, tief durchatmen, malen, ein Buch lesen, stricken, eine Runde spazieren gehen oder ein kleines Mittagsschläfchen machen (ja, in diesem Fall dürfen Sie den Wecker am Handy stellen, um pünktlich geweckt zu werden). Alles, was Ihnen hilft, sich zu entspannen und abzuschalten, ist erlaubt.

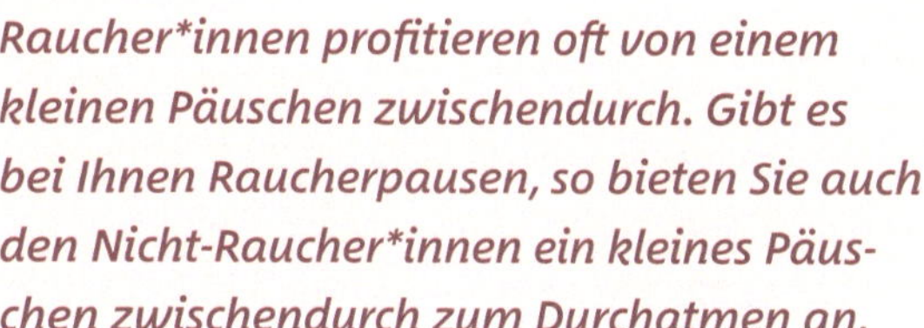

Hinweis

Raucher*innen profitieren oft von einem kleinen Päuschen zwischendurch. Gibt es bei Ihnen Raucherpausen, so bieten Sie auch den Nicht-Raucher*innen ein kleines Päuschen zwischendurch zum Durchatmen an.

Eine **gute Planung berücksichtigt Pausen** von vornherein und plant diese fest mit ein. Pausen sind eine Investition, die Ihre Gesundheit und auch Ihre Arbeitskraft erhalten.

15. Plastizität der Planung

Plastizität bedeutet, dass ein Material sich aufgrund von äußeren Faktoren **verformen** kann.

Fallbeispiel

Aus der Kita kennen Sie Knete. Diese ist plastisch formbar. Mit den Händen erwärmt man sie und macht sie so weicher. An der Luft trocknet sie irgendwann und wird bröselig. Mit den Händen kann man sie in verschiedene Zustände bringen oder mit Förmchen Figuren ausstechen.

So verhält es sich auch mit Plänen. Ein Plan ist eine gute Vorbereitung und hilft, vorhandene Ressourcen wie Zeit und Arbeitskraft sinnvoll zu nutzen. Dennoch kann es sein, dass er sich aufgrund der äußeren Umstände **verändern** muss.

Darum ist es gut, wenn Sie einen Plan haben oder geplant vorgehen, denn dann haben Sie „Material“ in der Hand, das Sie entsprechend verformen können.

Seien Sie sich bewusst, dass Pläne niemals in Stein gemeißelt sind, sondern dass sie form- und anpassbar sind.

16. Entscheidungen treffen

Entscheidungen zu treffen, kann sehr viel Zeit in Anspruch nehmen. Im Laufe eines Arbeitstages gibt es viele Entscheidungen zu treffen und erst recht im Laufe eines Kita-Jahres.

Oft lassen wir uns dazu verleiten, kleine und unwichtige Entscheidungen **aufzublasen**. Jede Meinung wird gehört und über eine Stunde darüber diskutiert, welche Entscheidung denn jetzt die beste ist. Oft geht es dabei um Kleinigkeiten wie z. B.: Welche Laternen basteln wir? Wer übernimmt den Frühdienst von Kollegin XY morgen? Behalten wir die Putzfirma oder sehen wir uns nach einer anderen um? Lernen Sie, unwichtige und kleine Entscheidungen schnell zu treffen, oder bestimmen Sie einen Verantwortlichen, der diese Entscheidung übernimmt.

Wichtige Entscheidungen hingegen sollten Sie gemeinsam im Team treffen und sich Zeit nehmen, um zu einem gemeinsamen Ergebnis zu kommen. Diese gehen leider meist aufgrund der aufgeblasenen Fragen unter. Wichtige Entscheidungen sind vor allem pädagogische Fragen, z. B.: Dürfen die Kinder den Flur als Spielort nutzen? Erlauben wir den Kindern, in den Bäumen zu klettern? Müssen die Kinder bei uns vom Mittagessen probieren? Bevor Sie eine Entscheidung treffen, überlegen Sie, wie viel Zeit Sie dieser einräumen möchten, also wie wichtig Ihnen diese Entscheidung ist.

?

Fragen Sie:

Hat diese Entscheidung in drei Jahren immer noch einen großen Einfluss auf die Arbeit bzw. ist diese Entscheidung auch dann noch relevant?

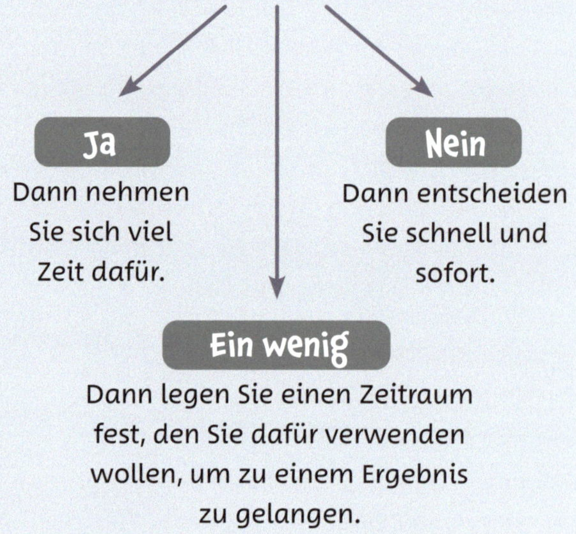

Ja
Dann nehmen Sie sich viel Zeit dafür.

Nein
Dann entscheiden Sie schnell und sofort.

Ein wenig
Dann legen Sie einen Zeitraum fest, den Sie dafür verwenden wollen, um zu einem Ergebnis zu gelangen.

2. Planung im pädagogischen Alltag

In der Physik gibt es das Phänomen der Hebelwirkung, welchem zu Grunde liegt, dass es unmöglich ist, einen großen Stein mit bloßen Händen in Bewegung zu setzen. Als Lösung bietet sich die Verwendung eines Hebels an. Durch ihn können selbst sehr schwere Gewichte mit recht kleinem Kraftaufwand gehoben werden.

Das Prinzip der Hebelwirkung macht sich dieses Buch zunutze: Mit weniger Anstrengung mehr erreichen durch den effektiven Einsatz genauer Planung.

Planen kann im pädagogischen Alltag als Hebel eingesetzt werden und dabei helfen, vorauszuschauen und Probleme zu beheben, bevor sie überhaupt entstehen. Einen Plan zu erstellen, bedeutet, das aktuelle Geschehen im Blick zu behalten. Es bedeutet aber auch, Puffer einzuplanen, Schritte zu überdenken und strategisch vorzugehen.

Ein Plan lässt sich im Nachhinein reflektieren. Dadurch kann man wesentliches Zeitsparpotenzial erkennen, wichtige Veränderungsprozesse kontrollieren und in Zukunft bessere Entscheidungen für die Arbeit in der Kita treffen.

2.1 Was kann geplant werden?

Es gibt viele Gegebenheiten im Kita-Alltag, die sich organisieren lassen. In der folgenden **Checkliste** finden Sie typische Aufgaben, die regelmäßig in der Kita anstehen und die Sie planen können:

- Jahr/Quartal/Monat/Woche/Tag
- Dienstplan
- Vorbereitungszeiten
- Teamsitzungen
- Projekte
- Ziele
- Bildungs- und Entwicklungsthemen
- Ausflüge
- Angebote
- Feste und Feiern
- Freispielzeit
- Beobachtungszeiten
- Dokumentationen
- Reflexionsgespräche
- Eingewöhnungen
- Übergänge
- Renovierungen/Raumgestaltung
- Tagesablauf
- Mahlzeiten
- Aufgaben und To-dos
- Konzeptionstage
- Qualitätsmanagement
- Hygienekonzepte
- Betriebsausflug
- Fort- und Weiterbildungen
- Überstundenabbau
- Elternarbeit, -abende, -gespräche
- (Sing-, Morgen-, Sitz-)Kreise
- Förderangebote

Die Checkliste zeigt: Planungsmöglichkeiten gibt es im Kita-Alltag mehr als genug. Natürlich muss und sollte nicht alles unbedingt geplant werden. Aber es lohnt sich, all die Inhalte Ihres Jahres einmal genauer anzuschauen und das ein oder andere mithilfe von Planung zu **optimieren**.

Überlegen Sie einmal:

- Womit können Sie diese Liste noch ergänzen?
- Wofür hätten Sie gern mehr Zeit?
- Welche Punkte auf der Liste planen Sie bereits, welche noch nicht oder zu wenig?
- Welche Punkte der Liste sind überplant und bräuchten eine Generalüberholung? (Z. B.: Sie benötigen viel Zeit in den Teamsitzungen, um den Dienstplan zu gestalten? Dann entkoppeln Sie die Dienstplangestaltung von der Teamsitzung, indem Sie Ihre Dienstplanwünsche der Leitung geben und diese dementsprechend den Plan schreibt.)

2.2 Wie kann geplant werden?

Der Planungsprozess

Planung ist ein Prozess, der sich aus verschiedenen Schritten zusammensetzt. Der gesamte Planungsprozess kann wie folgt verlaufen:

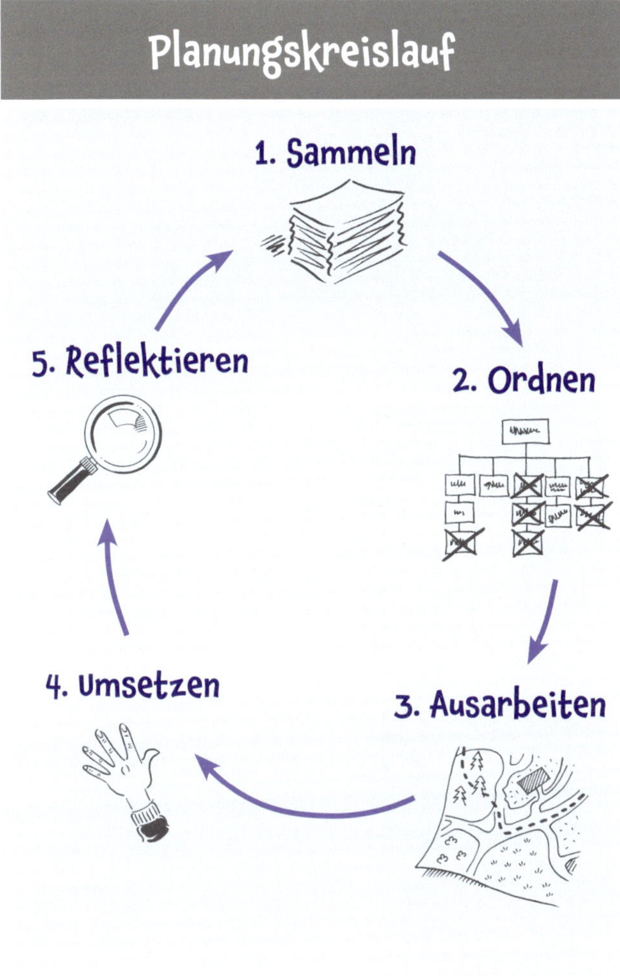

1. **Sammeln** Sie zuerst alle Punkte, die zu Ihrem Plan gehören, um sich einen Überblick zu verschaffen.
2. **Ordnen** und/oder kürzen Sie die gesammelten Punkte. So geben Sie den Dingen, auf die es ankommt, einen Vorrang.
3. Danach machen Sie sich an die **Ausarbeitung**, damit Sie wissen, wo Sie stehen, wo Sie hinmöchten und wie Sie dahin kommen.
4. Ein Plan bleibt nur ein Plan, bis Sie ihn in Angriff nehmen. Er wird Realität, wenn Sie etwas tun. Also kommen Sie in die **Umsetzung** und handeln Sie nach Ihrem Plan.
5. Je nachdem, was Ihr Plan ist, ist es sinnvoll, zwischenzeitlich eine kleine Reflexion durchzuführen, ob Sie Ihren Plan weiter ausführen können oder ihn anpassen müssen. Am Ende ist es für Ihre zukünftigen Planungen wichtig, dass Sie **reflektieren**, wie es gelaufen ist und was Sie in Zukunft besser machen können.

Diese einzelnen Planungsschritte haben unterschiedliche Anforderungen. Beim Sammeln denkt man möglichst weit, in verschiedene Richtungen und versucht, so viele Aspekte wie möglich, z. B. durch ein Brainstorming, zu finden. Man ist eher im **kreativen Modus** unterwegs.

Beim Ordnen/Kürzen hingegen geht es darum, sich zu **fokussieren** und die Sammlung enger zu fassen, einzugrenzen und zu sortieren. Hier geht man eher **analytisch** vor.

Beim Ausarbeiten überlegt man die beste Vorgehensweise. Hier ist **Strategie**, Logik und Struktur wichtig. Man versucht, alle Aspekte zu berücksichtigen.

Wiederum geht es beim Umsetzen vor allem darum, abzuarbeiten und Dinge zu erledigen, ohne noch einmal groß darüber nachzudenken. Da geht es nicht um Kreativität oder Strategie, sondern es geht ums **Machen**.

Beim Reflektieren geht es um die **Rückschau** und das Verwenden dieser Erinnerungen, um sich in Zukunft orientieren und bessere Entscheidungen treffen zu können. Es geht darum, sein Wissen zu erweitern und wertvolle Fähigkeiten auszubauen.

Es macht also Sinn, die **einzelnen Schritte bewusst zu trennen**. Da hier verschiedene Erwartungen an unsere Denkleistung und unsere Art, zu arbeiten, gestellt werden. Besonders bei großen Projekten und neuen Aufgaben kann man sich sonst schnell verzetteln. Vieles wird dann parallel gemacht, statt eines nach dem anderen abzuschließen, bevor der nächste Schritt vollzogen wird.

Im Folgenden werden die Planungsschritte im Einzelnen genauer beschrieben.

Sammeln

Was sammeln?

Beim Sammeln kann sich auf den Planungsprozess eingestellt werden. Das Gehirn kann erst mal „entleert" werden. Die Sorge, etwas zu vergessen oder zu übersehen, sinkt und lässt Raum, sich in den folgenden Schritten auf andere Aufgaben zu fokussieren und sich zu konzentrieren. Deshalb gehen Sie diesen Schritt bewusst an.

Tipp

Geben Sie nicht zu früh auf. Es kann sein, dass Ihnen die besten Ideen zum Schluss kommen. Fällt Ihnen später oder am nächsten Tag noch etwas Nützliches ein, ergänzen Sie Ihre Sammlung.

Fragen Sie:

Was kann gesammelt werden?

- Aufgaben
- Ideen
- Termine
- Themen
- Projekte
- Feste
- Hindernisse
- Vorteile
- Nachteile
- Ressourcen
- Fragen
- offene Punkte
- und noch vieles mehr

Beim Sammeln ist es wichtiger, auf Quantität zu achten als auf Qualität. Es geht darum, möglichst viel zu sammeln. Es wird noch nicht sortiert, gestrichen oder gekürzt. Erlauben Sie sich, auch Sachen aufzuschreiben, die nicht direkt zum Thema oder der Aufgabe passen. Denken Sie möglichst weit und in verschiedene Richtungen.
Dabei dürfen sich auch Sachen überschneiden, seltsam klingen oder im ersten Moment falsch anfühlen.

In diesem Schritt zählt: **Je mehr, desto besser.** Erlauben Sie Ihrem Gehirn, kreativ zu werden, verrückt zu denken und anders zu sein. Dieser erste Schritt ist genau der richtige Ort für alles, was Ihnen einfällt zum Thema.

Wie sammeln?

Zum Sammeln gibt es verschiedene Möglichkeiten. An dieser Stelle werden die gängigsten Methoden vorgestellt, ausführlichere Beschreibungen und Arbeitsblätter finden Sie bei den Werkzeugen ab Seite 56 in diesem Buch.

Liste: Hier werden alle Punkte untereinander aufgelistet, wie sie einem in den Sinn kommen. Jede Liste braucht eine passende Überschrift.

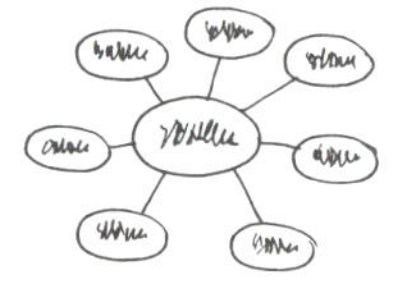

Brainstorming: Das Thema wird in die Mitte in einen Kreis geschrieben, auf den davon abgehenden Strichen werden die einzelnen Punkte notiert.

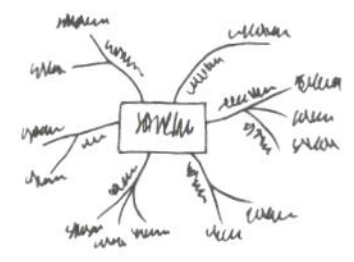

Mind-Map: In der Mitte wird das Thema notiert, von dort gehen einzelne Striche ab, die Unterpunkte des Themas sind. Von jedem Strich können wieder Unterpunkte abgeleitet werden.

Zettel: Jeder Punkt bekommt einen eigenen Zettel. Dazu wird der Gedanke auf einem (Klebe-)Zettel oder einer Karteikarte notiert.

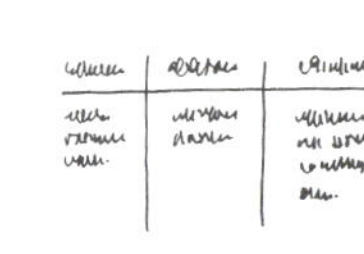

Tabelle: Gibt es Unterkategorien bei dem Thema, zu dem gesammelt wird, kann man auch eine Tabelle anlegen. Jeder Punkt wird in die jeweilige Spalte eingetragen.

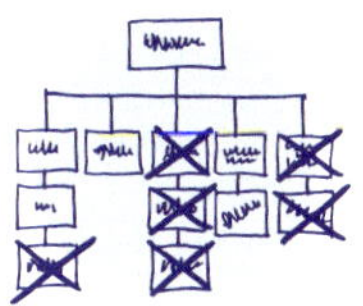

Ordnen und Kürzen

Die Bedeutung von Ordnung

Den Dingen eine Ordnung zu geben, hilft, die **Übersicht** zu behalten. Zu kürzen und sich bewusst gegen Dinge zu entscheiden, schafft Raum für Neues und gibt einem auch ein befreiendes Gefühl, das entspannt.

Sie können nicht alle Aufgaben gleichzeitig erledigen und nicht alle Ideen auf einmal umsetzen. Der Schritt „Ordnen und Kürzen" schafft einen Rahmen, den Sie bewusst festlegen. Er steigert deutlich die Qualität Ihrer Arbeit. Denn Sie **beschränken** sich aufs Wesentliche und Wichtige. Sie geben den Dingen Priorität, die diese auch verdient haben, und halten sich weniger mit Nebensächlichkeiten auf. Sie konzentrieren sich auf das, was zählt. Unter anderem auch auf Pausen und Ihre pädagogische Arbeit.

Eine **Priorisierung** erfordert eine Entscheidung. Was ist wirklich wichtig? Lassen Sie nicht zu, dass nur die dringenden Aufgaben Ihre Aufmerksamkeit fordern. Nehmen Sie sich die Zeit, um einmal zu schauen, was wirklich wichtig ist, und räumen Sie diesen Dingen Priorität ein.

Beim Sammeln haben Sie sich auf die Quantität, also die Masse an Möglichkeiten konzentriert. Das Ordnen und Kürzen fungiert nunmehr als **Qualitätsfilter**. Hier wird ausgewählt, was alles aktuell bedeutsam ist.

Kürzen

Eine Handlung des Ordnens sollte auch das Kürzen sein. Legen Sie dadurch unnötigen Ballast ab, der nur beschwert. Sie haben zu viele Dinge im Kopf? Es gibt zu viel zu tun? Dann fangen Sie schleunigst an, zu kürzen.

Sie können Ihre Aufgaben kürzen, indem Sie:

1. bewusst zu Dingen **Nein sagen** und sich dagegen entscheiden,
2. Dinge **delegieren** und damit an jemand anderen weitergeben, der diese Sache vielleicht besser, schneller, lieber oder gleich gut macht oder einfach dafür Zeit hat,
3. sich von Aufgaben trennen **(= streichen)** und sie endlich beerdigen, statt immer vor sich herzuschieben,
4. Aufgaben **vereinfachen** oder kürzen,
5. die Sache **unperfekt** machen,
6. es **einfach machen**, statt ständig darüber nachzudenken oder zu diskutieren.

Fallbeispiel

Sie haben die Bildermappen der Kinder immer sehr hübsch gestaltet und bemalt, beklebt und die Namen der Kinder in wunderschönen Buchstaben sorgfältig daraufgeschrieben. Sie entscheiden sich nun im Team dafür (machen statt diskutieren), dass die Kinder jeweils ihre Mappen selbst bemalen (delegieren, streichen, unperfekt lassen) und mit dem Etikettiergerät den Namen der Kinder ausdrucken und aufkleben (Nein sagen, vereinfachen).

Wie ordnen?

Je nachdem, was Sie planen, gehört dazu:

- streichen
- priorisieren
- kategorisieren

Nutzen Sie diesen Schritt bewusst, um Entscheidungen zu treffen. Schauen Sie sich die Punkte aus Ihrer Sammlung an. Finden Sie Kategorien, in die Sie diese Punkte einsortieren können, und legen Sie eine **Reihenfolge** fest. Was muss zuerst getan werden oder was ist am wichtigsten? Sie beginnen, vorauszuschauen und den Dingen einen Platz und eine Ordnung zuzuweisen. Das kostet Zeit, die Sie am Ende aber wieder einholen werden. Fragen Sie sich, **was wann erledigt wird**. Was lässt sich kombinieren, sodass Sie Zeit sparen?

Fallbeispiel

*Sie müssen ein Geschenk für die Putzfrau besorgen und Fotos in der Drogerie ausdrucken. Überlegen Sie, was Sie auf dem Weg noch erledigen können, wie z.B. das Altglas wegbringen. Fragen Sie auch Ihre Kolleg*innen, ob Sie ihnen etwas mitbringen können. Fassen Sie so mehrere Aufgaben zusammen.*

Im Folgenden finden Sie Kategorien, nach denen Sie ordnen und priorisieren können:

Zeitdauer

Wie lange dauern die Aufgaben? Wenn Sie jetzt 30 Minuten zur Verfügung haben, werden Sie nicht das komplette Büro ausmisten können, sondern vielleicht nur einen Ordner oder eine Schublade. Oder Sie haben zehn Minuten, dann beantworten Sie schnell ein paar E-Mails, werden aber in dieser Zeit nicht die Konzeption neu schreiben können.

Zeitpunkt

Es gibt Aufgaben, die sich nur zu bestimmten Zeiten erledigen lassen. Sind Sie zum Frühdienst im Kindergarten, werden Sie z.B. die sozialen Dienste nicht anrufen, da diese erst ab acht Uhr erreichbar sind. Oder im Herbst werden Sie keine Ostereier kaufen können.

Ort

Wo müssen Sie die Aufgabe ausführen? Im Büro erledigen Sie Dinge wie E-Mails schreiben, kopieren und telefonieren. In der Gruppe schauen Sie, ob die Entwicklungsdokumentationen der Kinder vollständig sind, und in der Stadt können Sie Besorgungen für die Kita machen.

Art der Aufgabe

Ist es eine einmalige Aufgabe (z.B. Frau XY kontaktieren und ein Angebot über eine Wippe für den Außenbereich einholen) oder eine Routine-Aufgabe, wie z.B. die Wäsche anstellen, in den Trockner geben und falten. Oder ein ganzes Projekt, das mehrere Wochen in Anspruch nimmt und dazu mehrere Schritte erfordert, wie beispielsweise die Umgestaltung des Gruppenraumes?

Dringlichkeit der Aufgabe

Wie hoch ist die Dringlichkeit? Braucht das Jugendamt heute bestimmte Unterlagen, damit die Betriebserlaubnis verlängert werden kann oder hat das noch eine Woche Zeit?

Wichtigkeit

Oft werden Dringlichkeit und Wichtigkeit gleichgesetzt. Aber nur weil die Eltern jetzt sofort eine Umstellung des Frühstücks einfordern, kann es sein, dass für Sie als Kita die Einführung regelmäßiger Bewegungsangebote wichtiger ist.

Personen

Welche Personen sind vonnöten? Sind Sie allein dafür verantwortlich? Müssen Sie das erledigen? Kann es jemand anders machen, kann es delegiert werden? Brauchen Sie eine Antwort oder die Mitarbeit einer bestimmten Person, um diese Aufgabe zu erledigen?

Themen

Ihre Sammlung kann auch nach Themen sortiert werden, wie z.B. Weihnachten, Winter, Frühjahr oder Konzeptionsarbeit, Teamsitzung, Gruppenkontext.

Rolle

Manche Aufgaben erfordern strategisches Denken und andere verlangen Kreativität oder Kommunikation. Wiederum andere müssen einfach nur erledigt werden. Sie können Ihre Aufgaben nach diesen Rollen aufteilen und so z.B. fünf Brainstormings zu unterschiedlichen Themen hintereinander machen (Weihnachtsgeschenk Eltern, Themen in den nächsten Monaten, Ideen für die Weihnachtsfeier, Seiten fürs Portfolio, Lieder und Spiele zum Zähneputzen).

Aufwand

Ist es eine sehr aufwändige Aufgabe oder etwas, das schnell zu erledigen ist? Die Arbeit an der Konzeption ist aufwändiger als das Verschriftlichen eines Elterngesprächs. Dieses wiederum ist aufwändiger, als das Altpapier wegzubringen.

Priorität

Dies ist eine Mischung aus Dringlichkeit und Wichtigkeit. Je nach Situation können Sie Ihre Sammlung einordnen nach:

1. wichtig und dringend
2. nur dringend
3. nur wichtig
4. keins von beidem

Fokus

Es gibt unterschiedliche Aufgaben. Aufgaben, bei denen Sie den vollen Fokus brauchen, wie z.B. Beobachtungsbögen und Entwicklungsdokumentationen. Und Aufgaben, bei denen Sie nur einen leichten Fokus brauchen, wie z.B. Putzen, Wäsche falten, Kronen basteln usw. Und Aufgaben, bei denen Sie einen mittleren Fokus brauchen, wie beispielsweise den Bastelschrank aussortieren oder einen Wochenplan schreiben.

Kombination

Je nach dem, was Sie kategorisieren, benötigen Sie eine oder mehrere Kategorien. Überlegen Sie, welche Ordnung bei Ihrer Planung am meisten Sinn ergibt. Manche Kategorien lassen sich kombinieren oder nach bestimmten Punkten zusammenfassen, in z.B. Wichtigkeit, Person und Zeitdauer. Tipp: Nehmen Sie nicht zu viele Kategorien, sonst wird es unübersichtlich.

Kinderkontext

Einige Aufgaben können Sie mit den Kindern gemeinsam erledigen (z.B. Putzarbeiten), andere wiederum können Sie in der Gruppe machen, während die Kinder spielen (z.B. Kronen basteln). Für manche Aufgaben brauchen Sie Konzentration und volle Aufmerksamkeit, die können Sie nur ohne Kinder erledigen (z.B. Elterngespräche vorbereiten).

Haben Sie Ihre Punkte alle gekürzt und geordnet machen Sie weiter mit dem nächsten Schritt ...

Ausarbeiten

Mit dem Sammeln, Ordnen und Kürzen Ihrer einzelnen Aufgaben, Projekte, Termine, Ideen und Co. haben Sie schon ein wertvolles Grundgerüst für Ihre Planung geschaffen. Beim Punkt „Ausarbeiten" geht es nun darum: **Was wann** von **wem** erledigt wird. Treffen Sie diese Entscheidungen auf jeden Fall noch vor dem nächsten Planungsprozessschritt der Umsetzung. Wenn Sie Parameter festlegen, wird Ihnen das enorm bei der Umsetzung Ihres Vorhabens helfen. Denn in der Umsetzung sollten Sie darüber nicht mehr nachdenken müssen. Beim Planen und Ausarbeiten sind Sie im „Strategie-Modus", während Sie später beim Umsetzen eher im „Macher-Modus" sind.

Tipp

Sollten Sie diese Parameter gemeinsam im Team festlegen, versuchen Sie, möglichst schnell eine Entscheidung zu treffen, statt sich in einer Diskussion zu verlieren. Stimmen Sie dazu ab und verteilen Sie Aufgaben gerecht (jeder übernimmt was). Bei größeren Themen können Sie sich einen Wecker stellen, bis wann die Entscheidung gefällt sein soll.

Was ausarbeiten?

Klarheit ist das A und O im Zeitmanagement. Denn wenn Sie nicht ganz genau wissen, was Sie machen müssen, dann kann das Ihren Arbeitsfluss behindern. Manchmal ist es klar, was getan werden muss. Oft jedoch nicht. **Je klarer etwas formuliert ist, desto einfacher** können Sie es delegieren oder selbst bearbeiten.

Fallbeispiel

Folgendes haben Sie auf der Agenda:

- *E-Mail an Eltern*
- *Wechselwäsche*
- *Aushang: Taschentücher*
- *Konzeption*
- *Sperrmüll*

Wissen Sie, was genau mit den Punkten auf Ihrem Merkzettel gemeint ist? Wenn Sie diese Aufgaben jetzt erledigen müssen, wüssten Sie, wie?

Was macht es klarer? **Verben** hinzufügen. Gewöhnen Sie sich an, zu jeder Aufgabe ein Verb zu schreiben. Schauen Sie, wie dadurch die Aufgaben klarer werden:

- E-Mail an Eltern vorformulieren
- Wechselwäsche aussortieren
- „Aushang: Taschentücher" gestalten und aufhängen
- Konzeption überarbeiten
- Sperrmüll rausstellen

Tipp

Wählen Sie ein möglichst passendes Verb, das die auszuführende Tätigkeit bestmöglich beschreibt. Verzichten Sie auf Verben wie „machen" und „erledigen", die sehr allgemein sind. Der Vorteil von klar formulierten und aufgeschriebenen Aufgaben ist, dass jemand anderes die Aufgaben leichter übernehmen kann.

Schauen Sie sich die Aufgaben auf dem Merkzettel oben an. Die Verben machen es klarer, dennoch fehlen noch weitere wichtige **Informationen**. Stellen Sie sich vor, das sind die To-dos Ihrer Kollegin. Welche Aufgaben könnten Sie nun problemlos übernehmen und ausführen? Bei welchen Aufgaben fehlen Ihnen Informationen und mehr Details? Wie könnte es noch klarer sein? Nutzen Sie z. B. eine **Klammer** hinter der Aufgabe, um wichtige Informationen oder erste Ideen festzuhalten:

- E-Mail an Eltern vorformulieren (1. Dank für rege Teilnahme am Elternabend. Wiederholung in naher Zukunft. 2. Mit Kindern experimentieren, erbeten Materialspenden für Experimente, Bücher zum Thema Experimente erwünscht. 3. Hinweis auf Briefkasten im Eingang für Dank, Wünsche, Ideen und Verbesserungsvorschläge, auch anonym möglich, gern nutzen. 4. Terminerinnerung für die nächsten drei Monate, Nov-Jan)
- Wechselwäsche aussortieren (Gr. 92-128 behalten, Rest weg, je Größe und Saison max. zwei Teile, Unterwäsche etwas mehr, sortieren und Regale entsprechend beschriften)

- Aushang: Taschentücher gestalten und aufhängen (Liebe Eltern, unsere Schnupfnasen freuen sich über Taschentuchspenden, bitte bringen Sie diese im Laufe der nächsten Woche mit. Vielen Dank)
- Konzeption überarbeiten (s. Konzeptionsmappe)
- Sperrmüll rausstellen (Ende KW 15, alles, was hinter dem Absperrband in der Turnhalle steht)

Wie klar sind Ihnen die einzelnen Aufgaben jetzt? Wissen Sie, was zu tun ist? Könnten Sie theoretisch gleich mit diesen Aufgaben beginnen? Wie ist es mit Ihrer Motivation, hätten Sie Lust, die Aufgaben in Angriff zu nehmen?

Jetzt ist ganz klar, was zu tun ist. Natürlich kostet diese dritte Variante mehr Zeit, aber Sie haben auch mehr davon. Wenn Sie nun die E-Mail an die Eltern schreiben, dann haben Sie bereits eine grobe Übersicht und müssen die einzelnen Punkte nur noch nett ausformulieren. Sie müssen nicht mehr überlegen: Was sollte noch einmal in der E-Mail stehen? Habe ich an alles gedacht? An welche Stelle packe ich den „Dank" – lieber zu Beginn oder ans Ende der E-Mail? All diese Überlegungen haben Sie bereits getroffen.

Tipp

Dieses aufwändige Notieren sollte im Verhältnis zur Aufgabe stehen. Wenn es z. B. darum geht, drei Stifte anzuspitzen, dann haben Sie schneller die Stifte eben selbst angespitzt, als es so aufwändig zu notieren. Merken Sie sich: Habe ich die Aufgabe schneller selbst erledigt, als sie detailliert aufzuschreiben, dann erledige ich sie gleich.

Diese Art der Notiz gibt Ihnen die Möglichkeit, sofort ins Handeln zu kommen. Der Punkt „Konzeption überarbeiten" spielt in diesem Fall eine besondere Rolle. Hierbei handelt es sich um ein Projekt, welches aus mehreren Schritten besteht und an dem mehrere Personen beteiligt sind. Dieses sollte extra ausgearbeitet werden (s. auch Werkzeug „Projektplanung mit dem Kanban-Board" ab Seite 53).

Wann?

Je nachdem, was auf Ihrer Liste alles steht, brauchen Sie einen **Termin**, einen **Zeitraum**, eine **Deadline** oder eine **Gelegenheit**, um die Aufgabe zu erledigen.

Unterscheidung von Begrifflichkeiten

Begriff	Beschreibung	Beispiel
Termin	Ein Termin ist ein fester Zeitpunkt.	Am 16.03. um 17 Uhr haben wir eine Teambesprechung zur Konzeption.
Zeitraum	Ein Zeitraum ist eine Zeitspanne, in der die Aufgabe erledigt wird.	KW 15 Sperrmüll rausstellen.
Deadline	Eine Deadline (engl. für Frist) ist ein bestimmtes Datum, zu dem die Aufgabe erledigt sein muss.	Bis 05.05. muss die E-Mail an die Eltern verschickt sein.
Die Gelegenheit	Es ergibt sich spontan die Gelegenheit, etwas zu erledigen.	Heute sind wir im Team gut besetzt, ich sortiere deshalb die Wechselwäsche aus.

Sie können Ihre Notizen um den Zeitaspekt erweitern. Nutzen Sie dazu **Symbole**. Beachten Sie, dass die Kolleg*innen mit der Bedeutung dieser Symbole ebenfalls vertraut sind. Hängen Sie dazu z. B. einen „Schlüssel" auf, der diese Symbole erklärt, wie z. B.:

- Deadline = !
- bei Gelegenheit = o
- Termin = >
- Zeitraum = *

Termine, Zeiträume und Deadlines tragen Sie am besten in Ihren **Kalender** ein. Aufgaben, die Sie bei Gelegenheit erledigen können, sind besser auf einer separaten Liste aufgehoben.

Fallbeispiel

!Bis morgen! „Aushang: Taschentücher" gestalten und aufhängen (Liebe Eltern, unsere Schnupfnasen freuen sich über Taschentuchspenden, bitte bringen Sie diese im Laufe der nächsten Woche mit. Vielen Dank)

Beziehen Sie in Ihre Planung auch die **Vorbereitung** mit ein. Wenn nächste Woche der Sperrmüll abgeholt wird, muss es diese Woche bereits vorbereitet werden. Deshalb planen Sie Ihre Zeit großzügig, besonders vor Deadlines und für bestimmte Zeiträume.

Auch die **Nachbereitung** gehört in Ihre Planung hinein. Halten Sie fest, ob beispielsweise im Anschluss etwas aufgeräumt oder reflektiert werden muss.

Tipp

Nehmen Sie sich genügend Pufferzeit. So geraten Sie nicht sofort in Stress, wenn etwas dazwischenkommt oder länger dauert, als Sie dachten. Für den Alltag mit Kindern benötigen Sie mehr Pufferzeit als im Büro. Bewährt haben sich ca. 20 %. Nehmen Sie ruhig mehr, wenn Sie sich damit wohler fühlen.

<u>So berechnen Sie die ausreichende Pufferzeit:</u> Schätzen Sie ein, wie lange Sie für die Aktion brauchen, dann planen Sie 20 % der Zeit zusätzlich ein, z. B.:

- *geschätzter Aufwand: 25 Tage*
  - → *20 % von 25 Tagen: 5 Tage*
  - → *einzuplanende Zeit: 30 Tage (Achtung, nehmen Sie nur Arbeitstage!)*
- *geschätzter Aufwand: 3 Stunden:*
  - → *20 % von 3 Stunden: 0,6 Stunden*
- *(0,6 Stunden wären 36 Minuten, aber Sie müssen den Puffer nicht bis auf die letzte Minute ausrechnen. Runden Sie einfach auf.)*
  - → *Einzuplanende Zeit: 3 Stunden und 40 Minuten (oder 4 Stunden)*

Wer?

Ist geklärt, **wer** die Aufgabe oder das Projekt übernimmt? Besprechen Sie Aufgaben und Ideen im Team, dann legen Sie **direkt** fest, wer dafür verantwortlich ist. Sonst passiert es, dass sich niemand verantwortlich fühlt und die Aufgabe nicht erledigt wird. Vielleicht möchte jemand die Aufgabe übernehmen, aber traut sich nicht, sie einfach so anzugehen, weil er den Auftrag nicht bekommen hat. Oder aber jemand drückt sich gern vor Aufgaben und ignoriert sie einfach. Es gibt verschiedene Möglichkeiten, nach denen Sie entscheiden können, wer diese Aufgabe übernimmt.

Es kann derjenige*diejenige übernehmen, der*die:

- am meisten Zeit hat,
- die besten Fähigkeiten oder Voraussetzungen dafür besitzt,
- am meisten Spaß daran hat,
- die Aufgabe am leichtesten bewältigen kann,
- die Aufgabe am schnellsten erledigen kann,
- es mit einer anderen Aufgabe verbinden kann,
- zum richtigen Zeitpunkt am richtigen Ort ist.

Schreiben Sie gleich auf, wen Sie mündlich ausgewählt haben. Es fällt leichter, sich festzulegen, wenn es schriftlich notiert wird. Das erspart Ihnen auch spätere Diskussionen.

Tipp

Überlegen Sie bei Ihren eigenen Aufgaben, welche Sie an jemand anderen abgeben können, weil er*sie z. B.:

- ***besser geeignet ist oder***
- ***dadurch etwas lernen kann***

Seien Sie bereit, Verantwortung abzugeben, und verteilen Sie die Last auf mehrere Schultern. Beziehen Sie vor allem auch Praktikant*innen und Aushilfen mit ein.

Umsetzen und Handeln

Wissen, was zu tun ist

Wenn Sie den Schritt Umsetzen und Handeln nach den Schritten Sammeln, Ordnen und Kürzen sowie Ausarbeiten machen, dann wissen Sie genau, was Sie tun müssen. Ist Ihnen das nicht klar, dann gehen Sie einen oder zwei Schritte im Planungsprozess zurück. Strategisch zu denken, erfordert eine andere körperliche Leistung, als zu handeln, weshalb es sinnvoll ist, diese beiden Schritte **bewusst voneinander zu trennen**. Am besten und schnellsten können Sie Dinge abarbeiten, wenn der strategische Teil geklärt ist. Denn in diesem Schritt sollen Sie tun und handeln und nicht noch darüber nachdenken müssen, was genau zu tun ist.

Auf die Plätze …

Wenn Sie mit Kindern einen Wettkampf starten, dann sagen Sie meist: „Auf die Plätze …" Dazu nimmt jeder seinen Platz an der Startlinie ein und bringt sich in Position.

Nehmen Sie gedanklich auch Ihre Position an einer Startlinie ein, indem Sie sich eine entsprechende Umgebung schaffen. Bereiten Sie alle Materialien und Ihre Umgebung so vor, dass Sie die Aufgabe gut erledigen können und nicht unterbrechen müssen. **Ist nun alles startklar?**

… fertig …

Bei dem Signal „fertig", warten die Kinder nur noch darauf, dass es losgeht. Sie sind in Startposition. Beim Lauf ist eine klare Strecke vorgegeben und ein klares Ziel. Alle warten gespannt darauf, loszurennen. Ein Läufer kommt nicht auf die Idee, mitten auf der Stecke innezuhalten und plötzlich eine ganz andere Strecke zu laufen. Achten Sie darauf: Je mehr Aufmerksamkeit eine Aufgabe benötigt, desto mehr sollten Sie sich darauf fokussieren. Verschaffen Sie sich deshalb einen **klaren Blick auf Ihr Ziel:**

- Was ist jetzt dran?
- Was ist jetzt nicht dran?
- Was wollen Sie in der vorliegenden Zeit erreichen?
- Wann ist Ihre Aufgabe beendet?

… los!

Wenn ein Läufer den Startschuss hört, dann läuft er. Er hat sein Ziel fest im Blick. In dieser Zeit trainiert er nicht mehr, er bereitet sich auch nicht mehr vor. Sondern jetzt ist seine ganze Aufmerksamkeit auf den Lauf gerichtet, bis er das Ziel erreicht hat.

Wenn Sie etwas umsetzen, dann arbeiten Sie die vor Ihnen liegende Aufgabe ab. Handeln Sie, bis Ihr Ziel erreicht ist. Richten Sie Ihre **volle Aufmerksamkeit auf diese eine Sache**.

Fokus behalten

In der Umsetzung ist eines der größten Probleme: Ablenkungen und Störungen. Vielleicht sind Sie auch müde oder haben keine Lust. So kann das Anfangen zur **Herausforderung** werden. Wenn Sie aus einer Sache herausgerissen werden, kostet es Sie Zeit, sich wieder zu fokussieren und zu konzentrieren. Haben Sie den Faden verloren, müssen Sie ihn wiederfinden und auch Ihre Energie umlenken, die Energie von der einen Tätigkeit hin zu einer anderen.

Den Fokus auf eine Sache zu richten und zu behalten und dabei nicht abgelenkt zu werden, ist im Kita-Alltag sehr herausfordernd. Die folgenden Punkte helfen Ihnen, das Wesentliche nicht aus den Augen zu verlieren.

Kinderfreie Zeit

Nehmen Sie sich immer mal wieder Zeiten, in denen Sie ungestört arbeiten und vorbereiten können. Das bedeutet vor allem, „kinderfreie" Zeit zu haben. Wenn Sie solche Zeiten in Ihrer Einrichtung noch nicht haben, führen Sie diese unbedingt ein. Nutzen Sie auch Gelegenheiten, die sich spontan im Alltag ergeben: Sie sind personell gut besetzt und die Kinder sind vertieft in ihr Spiel, dann kann einer aus dem Team sich zurückziehen.

Nicht ablenken lassen

Gehen Sie in dieser Zeit nicht ans Telefon, checken Sie keine E-Mails und auch nicht Ihr Handy. Geben Sie Kolleg*innen zu verstehen, dass Sie nicht gestört werden möchten. Legen Sie einen Notizzettel bereit: Sollte Ihnen etwas Wichtiges einfallen, Sie eine Idee oder einen bedeutsamen Gedanken haben, dann schreiben Sie ihn dort auf, und arbeiten weiter.

Letzter Check

Machen Sie einen letzten Check: Haben Sie alles, was Sie brauchen, um die Aufgabe zu erledigen? Müssen Sie auf die Toilette oder möchten Sie erst noch einen Kaffee trinken?

Durchatmen

Kommen Sie im Hier und Jetzt an. Haben Sie gerade schnell noch eine Wasserpfütze aufgewischt, ein Kind verarztet und Ihrer Chefin Ihre Urlaubswünsche bestätigt? Dann atmen Sie erst mal tief durch. Nehmen Sie drei bis vier tiefe Atemzüge und stellen sich mental auf die kommende Aufgabe ein.

Ziel festlegen

Bevor Sie mit der Aufgabe starten, notieren Sie sich Ihr Ziel: Was möchten Sie in der Zeit erreichen? Seien Sie so präzise wie möglich, wie z.B.: In den nächsten 30 Minuten schreibe ich die Entwicklungsdokumentation von Mara und beschreibe wenigstens vier der acht Entwicklungsbereiche.

Stichpunkte

Wenn Sie die Zeit nutzen, um etwas zu schreiben, wie z.B. Planungen, Dokumentationen, Elternbriefe o.Ä., dann machen Sie sich zuerst ein paar Stichpunkte. Entleeren Sie Ihren Kopf. Was möchten Sie schreiben? Welche Informationen müssen in jedem Fall rein? Was dürfen Sie nicht vergessen, zu erwähnen?

Persönliche Planung

Nutzen Sie kinderfreie Zeiten oder Vorbereitungszeiten für Ihre Planungen. Notieren Sie sich während des Alltags Aufgaben, die Sie in dieser Zeit erledigen möchten. Starten Sie Ihre kinderfreie Zeit mit einer kleinen Planung, nehmen Sie sich dazu fünf bis zehn Minuten Zeit. Finden Sie heraus: Wie kann ich diese Zeit am sinnvollsten nutzen?

Zu Ende bringen

Das Ziel ist, dass Sie die Aufgabe(n), die Sie sich vorgenommen haben, auch zu Ende bringen. Erledigte Aufgaben schaffen Platz und heben die Stimmung. Das bedeutet vor allem, dass Sie lernen müssen, die benötigte Zeit besser einschätzen zu können. Und Sie dürfen größere Aufgaben in kleine Schritte aufteilen. So klein, dass Sie sie in einigen Minuten (zwischen fünf bis 55 Minuten) beenden können. Das hilft Ihnen dabei, sich nicht zu viel vorzunehmen.

Als Hilfe können Sie sich einen **Timer stellen**, oder die Zeit, die Sie benötigen, mit einer Stoppuhr stoppen. Dann arbeiten Sie automatisch schneller und können sich besser auf nur diese einzige Sache konzentrieren.

Bitte machen Sie kein Multitasking. Vieles anfangen und nichts beenden, macht unzufrieden. Deshalb erledigen Sie eins nach dem anderen.

Beenden Sie Ihre Aufgabe bewusst (auch wenn Sie nicht fertig geworden sind). Beenden Sie die Aufgabe, indem Sie beispielsweise aufräumen, Unterlagen abheften, etwas ausdrucken, den Schrank schließen oder Ihre leere Kaffeetasse in die Spülmaschine räumen. Irgendetwas, das Ihnen signalisiert: Jetzt bin ich (fürs Erste) fertig.

Reflektieren

Zurückblicken

Eine gute Planung betrachtet nicht nur die **Zukunft** und das, was sein soll, sondern bezieht die **Vergangenheit** mit ein. Was ist gewesen? Was war gut? Was war nicht so gut? Was kann ich daraus lernen? Dieses Zurückblicken hilft, sein Verhalten anzupassen, zu optimieren und über sich selbst hinauszuwachsen.

Ja, so eine **Reflexion kostet Zeit** und Gehirnschmalz. Im Alltagsstress ist es manchmal schwierig, einen Schritt zurückzugehen und zu schauen: Was ist gewesen? Aber langfristig gesehen werden Sie davon profitieren. Denn Sie entscheiden bewusst, wie Sie in Zukunft handeln wollen. Sie erkennen Stärken und können diese in Zukunft besser einsetzen. Sie decken Schwachstellen auf und können diese verändern. Damit gewinnen Sie am Ende wieder Zeit.

Im Kopf zu reflektieren, ist gut, es **aufzuschreiben, ist besser**. Nachhaltiger ist es, wenn Sie Ihre Gedanken kurz notieren. Etwas Geschriebenes wird eher umgesetzt als ein Gedanke.

Was reflektieren?

Sie haben nicht die Zeit, alles zu reflektieren. Und es ergibt auch keinen Sinn, jeden einzelnen Aspekt zu betrachten. Das kostet viel Zeit und nimmt Ihnen auf Dauer die Lust am Reflektieren. Für Ihren Alltag ist es besser, wenn Sie sich **zwei bis drei Punkte heraussuchen**, die Sie reflektieren möchten. Im Zusammenhang mit dem Zeitmanagement können Sie z. B. reflektieren:

- Wie lange habe ich gebraucht?
- Wie war meine Planung?
- Wie habe ich angefangen?
- Konnte ich meinen Fokus halten oder hat mich etwas abgelenkt? Wenn ja, was?
- Was kann ich beim nächsten Mal besser machen? Was gefällt mir an meinem Zeitmanagement und möchte ich beibehalten?

!

Tipp

Vergleichen Sie sich niemals miteinander. Sie sind ein multiprofessionelles Team, in dem jeder seine Stärken, Erfahrungen, Charaktere und Ressourcen mitbringt. Wenn Sie sich vergleichen, dann bitte mit sich selbst. Das gilt ebenso für Kinder: Vergleichen Sie diese mit sich selbst und nicht mit den anderen Kindern.

Übrigens: Neben dem Zeitmanagement können Sie auch eine Vielzahl an anderen Aspekten reflektieren, wie beispielsweise pädagogische Arbeit, didaktisches Vorgehen, Methodenwahl, Zusammenarbeit, Kommunikation, Reaktion der Kinder, Verhalten der Kinder, Gestaltung usw.

Wie reflektieren?

Zum Reflektieren werden oft Fragen benutzt wie:

- Was habe ich gelernt?
- Wie habe ich mich gefühlt?
- Was lief nicht so gut?

Statt Fragen zu benutzen, können Sie es auch mal mit Satzanfängen versuchen und diese zu Ende führen. Auf eine Frage kann man eine Antwort geben oder nicht. Ein **Satzanfang** hingegen hinterlässt eine Lücke. Unser Gehirn mag keine Lücken, es möchte diese füllen. Außerdem ist es einfacher, einen Satz zu beenden, als einen zu beginnen, wie:

- Ich habe gelernt ...
- Dabei habe ich mich (...) gefühlt ...
- Total daneben ging dabei ...
- Super geklappt hat ...

Tipp

Machen Sie eine schnelle, aber ordentliche Reflexion! Schreiben Sie Ihre Reflexion kurz und knapp. Schreiben Sie jedoch auch so, dass Sie in einem Jahr noch wissen, was Sie damit meinen.

Die Reflexion sollte **geplant** werden. Am besten mit einem festen Termin. Sie können auch eine Regel festlegen, wie z. B.: Ich darf erst etwas Neues planen, wenn ich das Alte reflektiert habe. Überlegen Sie sich dazu, was Sie reflektieren möchten (pädagogisches Vorgehen, Methodenwahl, Vorbereitung ...). Nutzen Sie auch regelmäßig Teamsitzungen oder Planungsrunden, um die letzten Aktivitäten und Geschehnisse zu reflektieren. Wenn Sie andere reflektieren, seien Sie immer **wertschätzend und konstruktiv** und legen Sie den Fokus auf die gelungenen Vorgehensweisen.

Stellen Sie für die Reflexion immer mal wieder andere Fragen oder Satzanfänge. Beispiele finden Sie dazu auf Seite 66 **(Kopiervorlage 4: Pareto-Prinzip)** und auf Seite 77 **(Kopiervorlage 9: Reflexionsfragen).**

3. Werkzeuge

In jeder guten Werkzeugkiste gibt es verschiedene Arten von Werkzeugen. Genauso stehen Ihnen unterschiedliche Werkzeuge für das eigene Selbst- und Zeitmanagement zur Verfügung.

Je nach Situation, persönlichen Vorlieben und Möglichkeiten können Sie die Werkzeuge ausprobieren, wählen und einsetzen.

Je größer die Werkzeuge, desto eher sind Sie für das Fundament Ihres Zeit- und Selbstmanagements geeignet. Diese Werkzeuge benötigen etwas mehr Zeit. (Ab S. 40)

Die kleineren Werkzeuge benötigen weniger Zeit und sind für kleine Verbesserungen im Alltag nützlich. (Ab S. 56)

3.1 Werkzeuge für die grobe Planung

Handwerker verwenden für grobe Arbeiten große und schwere Werkzeuge, wie z. B. eine Schlagbohrmaschine oder eine Kreissäge. Damit kann das Fundament für ein Haus oder einen Raum gelegt werden, indem z. B. Wände durchbrochen werden.

Planung als grundlegendes Element Ihres Zeit- und Selbstmanagements benötigt ebenfalls **Werkzeuge**, die ein **Fundament legen**, auf dem Ihr Arbeitsalltag aufgebaut ist.

Damit werden die wesentlichen Eckpfeiler für Ihr Zeit- und Selbstmanagement markiert und beispielhaft beschrieben sowie mit thematisch passenden Kopiervorlagen für die Umsetzung des jeweiligen Planungsziels ergänzt.

Die Planungsmöglichkeiten

Je nachdem, was Sie planen möchten und in welcher Situation Sie sich befinden, benötigen Sie eine entsprechende Vorgehensweise. In diesem Kapitel finden Sie zunächst die Werkzeuge für das Grobe, die in folgende drei Kategorien aufgeteilt sind.

A) Notfallplanung: kurzfristig planen (von innen nach außen)

B) Jahresplanung: langfristig planen (von außen nach innen)

C) Projektplanung: Schritt für Schritt

Planscheibe

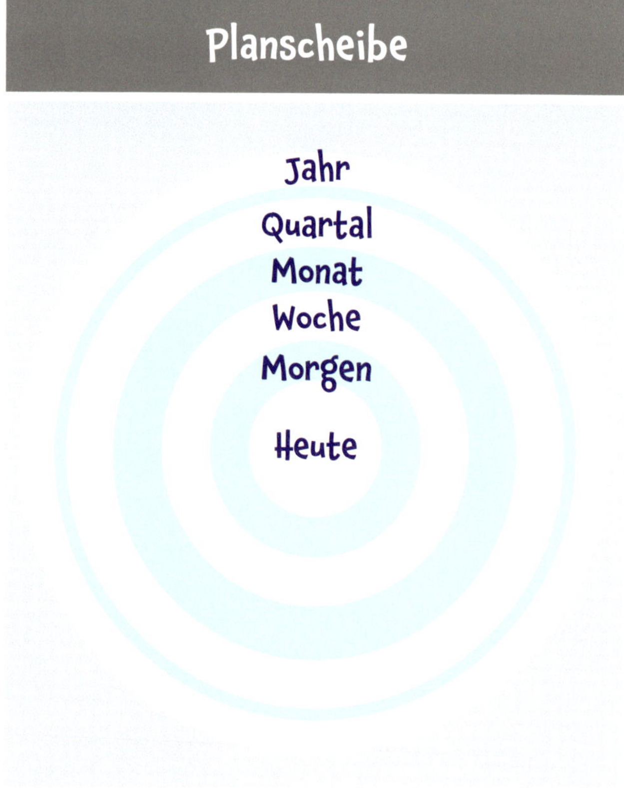

Bevor Sie planen, sollten Sie wissen, welches planerische Vorgehen sinnvoll ist. Überlegen Sie, welche Situation auf Sie zutrifft:

Situation 1: Kurzfristig planen

Ihnen wächst alles über den Kopf. Sie haben viel zu erledigen und wissen nicht, wo Sie anfangen sollen, und eigentlich haben Sie auch **keine Zeit**. Vor allem nicht für eine Planung.

Lösung: Von innen nach außen planen

Für die Situation 1 eignet sich die Planung von innen nach außen. Das bedeutet, Sie beginnen mit den dringenden und wichtigen Dingen, die heute oder sehr zeitnah gemacht werden müssen. Erst danach kümmern Sie sich um Ziele und Aufgaben, die weiter in der Ferne liegen und die den äußeren Rahmen bilden. Also dieser oder der nächste Monat oder die Weihnachtszeit oder das Kita-Jahr.
Wenn Sie Brandlöscher*in spielen und von einer dringenden Tätigkeit zur nächsten, noch viel dringenderen, Tätigkeit hetzen, ist es wichtig, dass Sie die Brandherde des Hier und Jetzt gelöscht kriegen. Bevor Sie sich mit dem größeren Rahmen und der Zukunft auseinandersetzen können. Wenn Sie jetzt schnell eine Übersicht brauchen, um nicht im Chaos an Aufgaben zu versinken, planen Sie von innen nach außen. Was ist heute wichtig? Was muss unbedingt heute erledigt werden?

→ **Werkzeug A:** Notfallplan (s. S. 42)

Situation 2: Langfristig planen

Sie haben den Wunsch, langfristig zu planen, damit Ihnen die Dinge in Zukunft nicht so schnell über den Kopf wachsen. Ebenso möchten Sie gern Projekte planen und umsetzen, die mehr Zeit in Anspruch nehmen oder über einen längeren Zeitraum laufen.

Lösung 2: Von außen nach innen planen

Wenn Sie Zeit haben und sich in Ruhe um Ereignisse kümmern möchten, die weiter in der Ferne liegen, dann planen Sie von außen nach innen z.B.: Jahr, Quartale, Monate, Wochen, Tage. Sie möchten Ihre Arbeitsprozesse optimieren und dauerhaft mehr Zeit haben sowie Systeme schaffen, die Sie in Ihrer Praxis unterstützen und Sie an alles erinnern, was Sie im Laufe des Kita-Jahres zu erledigen haben? Wenn Sie keine akuten „Brandherde" zu löschen haben, dann sind Methoden, die Ihnen dauerhaft mehr Zeit verschaffen, hilfreich.

→ **Werkzeug B:** Jahresplanung (s. S. 47)

Situation 3: Schritt für Schritt

Sie haben ein Projekt oder ein Ziel, das Sie umsetzen möchten? Oder Ihnen steht eine besondere Phase bevor (z.B. ein Umbau, die Eingewöhnungszeit, ein Jubiläum oder die Implementierung einer neuen pädagogischen Ausrichtung), die Sie ausführlich planen möchten?

Lösung 3: Von Schritt zu Schritt planen

Große Ereignisse, die nicht zum normalen Tagesablauf in einer Kita gehören, können wie ein riesiger Berg vor Ihnen liegen. Darum muss man diesen Berg in einzelnen Etappen bezwingen. Einen Schritt nach dem anderen gehen, um vorwärtszukommen, bis man das Ziel erreicht hat. Dafür müssen Sie einen klaren Plan entwickeln, eine Art „Karte", die Ihnen hilft, die Orientierung zu behalten und auf möglichst kurzem Weg Ihr Ziel zu erreichen.

→ **Werkzeug C:** Projektplanung mit einem Kanban-Board (s.S. 53)

Werkzeug A: Notfallplan

Kategorie

Sammeln | Ordnen/Kürzen | Ausarbeiten | Umsetzen | Reflektieren

Zeitaufwand:	• Planung: 10-20 Minuten • Plus Zeit für Umsetzung und Reflexion	Geeignet für:	Leitung	Team	Persönlich
Material:	• Stifte in den Farben Orange und Rot • Papier oder Kopiervorlage (s. S. 46) • Klebezettel				

Warum?

Wissen Sie vor lauter Aufgaben nicht, wo Sie beginnen sollen? Steppt bei Ihnen der Bär? Fühlen Sie sich überfordert und haben das Gefühl, den anfallenden Tätigkeiten nicht Herr (oder Frau) zu werden? Dann wird es Zeit, dem entgegenzuwirken.

Tipp

*Dieses Werkzeug ist vor allem für Leitungen und ihre Büroarbeit sinnvoll. Für pädagogische Fachkräfte ist diese Methode dann hilfreich, wenn sie kinderfreie Zeit haben und z. B. Vorbereitungszeit. Wenn Sie sich als Erzieher*in abseits vom Alltagsgeschehen kurz sammeln möchten, nutzen Sie die Schritte 1-4, um sich eine Übersicht zu verschaffen. Schritte 5-7 müssen Sie entsprechend Ihres Alltags anpassen. Die Methode kann außerdem auch gemeinsam im Team umgesetzt werden.*

Wie?

Mit der folgenden „Schritt für Schritt"-Anleitung bekommen Sie in wenigen Minuten einen Überblick über alle Erledigungen und arbeiten an den wichtigsten und dringendsten Aufgaben, ohne weitere Zeit zu verschwenden. Sie können erst alles lesen und es dann Schritt für Schritt durchgehen oder Sie nehmen sich gleich die benötigten Materialien und arbeiten, während Sie die einzelnen Schritte lesen, mit (das Letzte ist die schnellere Variante). Im Anschluss finden Sie in der **Kopiervorlage A** (s. S. 46) eine Kurzversion der folgenden acht Schritte.

1. Atmen Sie durch!

Stress führt zu einer schnelleren Atmung, wodurch Ihr Gehirn weniger Sauerstoff bekommt. Das macht Sie unkonzentriert. Ihnen passieren mehr Fehler, die Sie am Ende wieder ausbügeln müssen. Also, stehen Sie auf (wenn Sie sitzen), öffnen Sie das Fenster oder gehen Sie einmal kurz vor die Tür und nehmen mindestens zehn kräftige Atemzüge. Ja, tun Sie das jetzt, bevor Sie weiterlesen!

2. Sammeln

Jetzt können Sie mit der Arbeit beginnen. Nehmen Sie sich die Zeit, alles aufzuschreiben, was Sie zu erledigen haben. Investieren Sie diese wertvollen Minuten. Sie werden es hinterher wieder rausarbeiten. Listen Sie alles auf, was in Ihrem Kopf herumschwirrt. Keine Sache ist zu groß oder zu klein, um sie an dieser Stelle zu notieren. Dazu müssen Sie nicht detailliert beschreiben, was zu tun ist. Stichpunkte reichen. Erst wenn Sie das Gefühl haben, wirklich alles notiert zu haben, gehen Sie über zum nächsten Schritt.

Tipp

***Als Team** haben Sie hier einen kleinen Vorteil, da gemeinsam oft mehr Aspekte gefunden werden.*

3. Ordnen

Beim Notfallplan geht es darum, in möglichst kurzer Zeit einen Überblick über Ihre Aufgaben, Projekte und To-dos zu bekommen. Darum konzentrieren Sie sich beim Ordnen auf das Hier und Jetzt. Markieren Sie alles von Ihrer Liste rot, was dringend heute erledigt werden muss.

Tipp

Markiert wird nur, was Sie bis Feierabend erledigt haben müssen.

Als Nächstes markieren Sie alles orange, was demnächst „abläuft", also eine dringende Deadline (engl. für Frist) hat. Womit müssen Sie jetzt beginnen, damit es rechtzeitig fertig wird? Markieren Sie orange, was bis zum Ende der Woche abgearbeitet sein sollte. Wieder nur das Allernötigste. Zum Schluss kreisen Sie alles ein (auch wenn es bereits rot oder orange markiert ist), was Sie selbst für wichtig halten oder gern erledigt hätten.

Jetzt haben Sie eine grobe Ordnung für Ihre Aufgaben. Es ist völlig in Ordnung und sogar gut, wenn einige Aufgaben gar nicht markiert sind.

Tipp

Passen Sie als Team auf, dass Sie sich nicht in Diskussionen verzetteln, was wie markiert wird. Voranzukommen, ist wichtiger als die korrekte Markierung. Um die Zeit im Blick zu behalten, können Sie sich dafür z. B. einen Timer auf drei Minuten stellen, danach müssen die Markierungen stehen.

4. Atmen Sie noch einmal tief durch!

Schauen Sie sich Ihre Liste und die Markierungen an. Merken Sie, wie Sie ruhiger werden und sich entspannen? Sie haben jetzt alles Schwarz auf Weiß vor sich. Sehr gut, Sie haben das Wichtigste geschafft. Sie haben jetzt Klarheit.

5. Ausarbeiten

Schauen Sie sich die rot markierten Aufgaben an: Was ist der nächste sinnvolle Schritt, der Ihre Arbeit möglichst weit vorantreibt? Welche Aufgaben müssen Sie erledigen, um den Großteil geschafft zu haben? Schnappen Sie sich drei Klebezettel und notieren Sie auf jedem dieser Zettel eine (!) Aufgabe, die höchstens 30 Minuten dauert (brauchen Aufgaben mehr Zeit, dann brechen Sie diese in kleinere Aufgaben herunter). Überlegen Sie auch, ob Sie die Aufgabe verkürzen oder delegieren können. Lassen Sie alles Unnötige weg. Formulieren Sie das Ergebnis der Aufgabe („E-Mail an Eltern verschickt"), nicht den Prozess („E-Mail schreiben"). Dadurch arbeiten Sie bei der Umsetzung fokussierter.

Auf jeden der Zettel schreiben Sie nun in eine Ecke die Zeit, die diese Aufgabe benötigt. Schätzen Sie grob, wie lange Sie brauchen werden. Bereiten Sie alles vor, dass Sie benötigen, um diese drei Aufgaben zu erledigen. Ist der Computer angeschaltet, müssen Sie noch mal auf Toilette, brauchen Sie ein Glas Wasser oder einen Kaffee? Müssen Sie vorab noch etwas kopieren? Etwas erfragen oder eine Information heraussuchen? Legen Sie die Liste mit allen Aufgaben beiseite. Sie brauchen für den nächsten Schritt nur die drei Klebezettel. Wählen Sie zum Schluss noch die Reihenfolge, in der Sie die Klebezettel abarbeiten möchten, und kleben Sie diese entsprechend übereinander.

Tipp

Im Team von pädagogischen Fachkräften können Sie die Zettel gemeinsam abarbeiten oder jeder bekommt drei Klebezettel. Und achten Sie wieder darauf, sich nicht in Diskussionen zu verzetteln.

6. Umsetzen

Nehmen Sie sich Ihren obersten Klebezettel vor. Stellen Sie sich einen Timer entsprechend Ihrer geschätzten Zeit (siehe Ecke des Zettels) und arbeiten Sie so lange auf das Ergebnis der Aufgabe hin, bis der Timer abgelaufen ist. Lassen Sie sich von nichts und niemandem ablenken. Wenn Sie vor Ablauf der Zeit oder genau pünktlich fertig sind, super! Sie können den Klebezettel nun zerknüllen und wegwerfen oder in einem Glas sammeln und feiern, dass Sie ihn erledigt haben. Sollte der Timer hingegen klingeln, bevor Sie fertig sind, überlegen Sie, ob es nur noch ein paar Minuten zur Fertigstellung braucht und Sie sich erneut den Timer stellen wollen. Oder ist die Aufgabe umfangreicher, als Sie anfangs dachten? Halten Sie kurz inne, um zu überlegen, ob Sie die Aufgabe abkürzen können oder wie Sie diese mit möglichst wenig Aufwand schnell erledigt bekommen. Je nach Dringlichkeit der Aufgabe können Sie mit dieser weiterarbeiten oder die nächste Aufgabe beginnen. Machen Sie eine kurze Pause. Höchstens fünf Minuten, aber strecken und recken Sie sich, gehen kurz zur Toilette oder holen Sie sich ein Getränk.
Fahren Sie mit den anderen beiden Klebezetteln wie oben beschrieben fort.

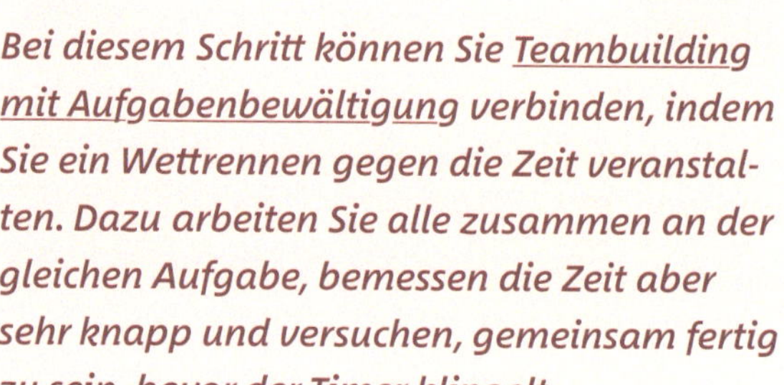
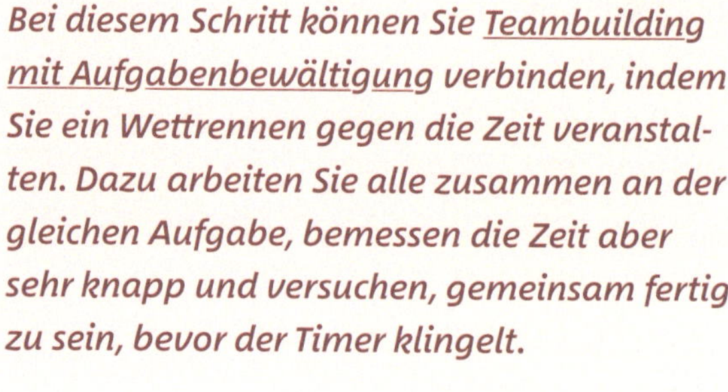

Tipp

Bei diesem Schritt können Sie Teambuilding mit Aufgabenbewältigung verbinden, indem Sie ein Wettrennen gegen die Zeit veranstalten. Dazu arbeiten Sie alle zusammen an der gleichen Aufgabe, bemessen die Zeit aber sehr knapp und versuchen, gemeinsam fertig zu sein, bevor der Timer klingelt.

7. Reflektieren

Zeit, kurz innezuhalten. Sie haben hoffentlich konzentriert und fokussiert an den dringendsten Aufgaben gearbeitet. Wie war das für Sie? Wie fühlen Sie sich jetzt? Erleichtert? Oder angespannt, weil Sie länger brauchten als geplant? Müssen Sie etwas an Ihrer Arbeitsweise verändern? Je öfter Sie diese Übung machen, desto besser können Sie einschätzen, wie lange Sie für Ihre Aufgaben benötigen.

8. Wie geht es weiter?

Wie es weitergeht, kommt ganz darauf an, wie viele rot markierte Punkte noch auf Ihrer Liste stehen. Was müssen Sie noch tun, bevor Sie Feierabend machen können? Schätzen Sie ab, was und wie lange Sie noch zu tun haben. Gehen Sie weiter vor wie unter 5.–7. beschrieben, bis Sie alle rot markierten Aufgaben erledigt haben. Sind Sie damit fertig und haben noch Zeit, dann widmen Sie sich den orangefarben markierten Dingen. Gehen Sie dabei ebenfalls wie beschrieben vor.

Allerdings ist das Ziel der Notfallplanung, nicht alle Aufgaben zu erledigen, sondern nur die dringendsten und wichtigsten. Es wäre aber schade, wenn Sie sich die ganze Mühe nur für diesen einen Tag gemacht haben. Deshalb nutzen Sie, was Sie bisher erarbeitet haben, weiter. Denn diese Art der Planung hilft Ihnen auch bei Ihrer Tages- bzw. Wochenplanung. Statt in einiger Zeit wieder unter Druck zu geraten und mit Ihrer Notfallplanung von vorn zu beginnen, machen Sie es sich zur Angewohnheit, regelmäßig vorauszuschauen und Ihre Tätigkeiten mit System zu erledigen. Natürlich kann es immer mal wieder Phasen geben, in denen Sie nicht planen können und sich ein neuer Aufgabenberg anhäuft, dann greifen Sie auf die Notfallplanung zurück und nutzen diese wieder als Ausgangspunkt, um zukünftig weiter zu planen.

Variante: Tages- und Wochenplanung

Nehmen Sie einen **Zettel und falten** Sie diesen einmal in der Mitte und dann nochmals in der Mitte, sodass ein Kreuz auf dem Blatt zu sehen ist, wenn Sie es wieder entfalten. In das erste so entstandene Kästchen schreiben Sie als Überschrift „Heute" oder das Datum, an dem Sie mit der Aufgabenbearbeitung beginnen möchten. Das kann z.B. sinnvoll sein, wenn Sie immer freitags die Planung für die nächste Woche machen wollen. Dort tragen Sie alle rot markierten Aufgaben ein. Das nächste Kästchen benennen Sie mit „Diese Woche" oder den entsprechenden Zeitraum der Woche als Datum und tragen dort alle orangefarben markierten Aufgaben ein. In das dritte Kästchen schreiben Sie „Demnächst" und tragen dort alle restlichen Aufgaben ein. Das vierte Kästchen können Sie verschieden verwenden, z.B. als Einkaufsliste, als Platz für Notizen oder als „Diesen Monat".

Tipp

Sie können den Zettel entweder täglich neu gestalten (was ich nicht empfehle) oder Sie nutzen ihn als Leitung nur während Ihres „Bürotages" oder als Fachkraft während Ihrer „kinderfreien Zeit". Alternativ können Sie die Rubrik „Heute" überkleben oder die Kästchen auf der Rückseite für neue Tage benutzen.

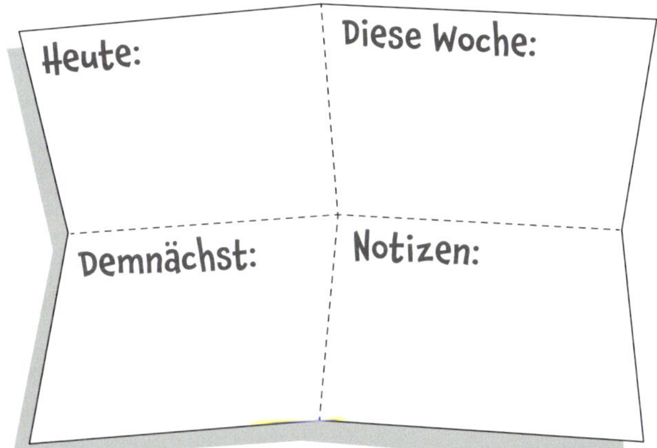

Kopiervorlage A:

Notfallplan

Schritt für Schritt Anleitung:

1. **Atmen Sie durch!**
   Nehmen Sie mindestens 10 kräftige Atemzüge.
2. **Sammeln**
   Listen Sie alles auf, was in Ihrem Kopf herumschwirrt.
3. **Ordnen**
   Markieren Sie rot, was dringend heute erledigt werden muss.
   Markieren Sie orange, was alles mit dringender Deadline oder bis zum Ende der Woche abgearbeitet sein sollte.
   Kreisen Sie alles ein, was Sie selbst für wichtig halten oder gern erledigt hätten.
4. **Atmen Sie noch einmal tief durch!**
   Sie haben jetzt Klarheit.
5. **Ausarbeiten**
   Notieren Sie auf drei Klebezetteln je eine Aufgabe, deren Bearbeitung maximal 30 Minuten dauert, und legen Sie eine Reihenfolge der Zettel fest. Letzter Check: Ist alles für die Umsetzung vorbereitet?
6. **Umsetzen**
   Stellen Sie einen Timer auf 30 Minuten und arbeiten Sie einen Klebezettel nach dem anderen ab.
   Machen Sie zwischen den Aufgaben kurze Pausen (ca. 5 Minuten).
7. **Reflektieren**
   Halten Sie kurz inne: Wie war das für Sie? Wie fühlen Sie sich jetzt? Erleichtert? Oder angespannt, weil Sie länger brauchten als geplant? Müssen Sie etwas an Ihrer Arbeitsweise verändern?
8. **Wie geht es weiter?**
   Notieren Sie, was Sie noch tun müssen oder was offengeblieben ist.

Kopf leeren:

- [ ] ------------------------------
- [ ] ------------------------------
- [ ] ------------------------------
- [ ] ------------------------------
- [ ] ------------------------------
- [ ] ------------------------------
- [ ] ------------------------------
- [ ] ------------------------------
- [ ] ------------------------------
- [ ] ------------------------------

Jetzt erledigen:

Kleben Sie hier übereinander
Ihre drei Klebezettel
mit den ausgewählten Aufgaben,
die wichtigste zuoberst.

Werkzeug B: Jahresplanung

Kategorie

Sammeln | **Ordnen/Kürzen** | **Ausarbeiten** | **Umsetzen** | **Reflektieren**

Zeitaufwand:
- 30–60 Minuten

Material:
- Terminplaner/Kalenderübersicht
- Stifte und Papier
- Textmarker
- Kopiervorlage für die nächsten zwei Jahre (s. S. 49)
- Ferien- und Feiertagsübersicht für die nächsten zwei Jahre
- alle relevanten Geburtstage der Kita

Geeignet für: Leitung | Team | Persönlich

Warum?

Der Aufwand einer Jahresplanung lohnt sich, denn damit planen Sie langfristig und legen den Grundstein für die Zukunft. Sie richten Ihren Blick auf das große Ganze und damit auf das kommende Kita-Jahr.

Fallbeispiel

Stellen Sie sich vor, dass Sie mit einer Karte Ihrer Stadt in einer Straße Ihrer Stadt stehen. Stellen Sie sich vor, dass auf dieser Karte ein Radius um Ihren aktuellen Standort gezeichnet ist. Von diesem können Sie zwar nicht zum Rand des Radius' sehen, aber Sie können ihn anhand der Karte erahnen. Außerdem hilft die Karte Ihnen, den Weg dorthin zu finden. Sie können die Straße, in der Sie stehen, sehen. Vielleicht auch noch bis zu ihrem Ende. Aber was dahinterliegt, können Sie anhand der Karte nur erahnen. Doch Sie haben eine Orientierung und können sich die Route zum Rand des Radius' selbst wählen.

Wenn Sie Ihr Kita-Jahr planen, ist das, als würden Sie die Karte und den Radius zeichnen. Sie stecken sich aufgrund Ihres aktuellen Stands einen Rahmen, in dem Sie sich bewegen möchten. Dabei können auch Ziele außerhalb Ihrer aktuellen Sicht liegen. Versuchen Sie, den Radius so nah zu stecken, dass Sie die Erkundung der

Umgebung in einem Jahr schaffen, aber auch so weit, dass Sie herausgefordert sind.

Ein Jahr unterliegt einem **natürlichen Rhythmus**. Es ist eingeteilt in kleinere Einheiten:

- **4 Quartale**
- **12 Monate**
- **52 Wochen**
- **365 Tage**

Nutzen Sie diesen natürlichen Rhythmus für sich. Die Einteilung in **viele kleine Einheiten** macht Ihre Planung übersichtlicher und bringt Sie ins Handeln. Außerdem ist ein klar abgegrenzter Zeitraum leichter zu planen und zu reflektieren.

Planungskreislauf

1. Sammeln
2. Ordnen
3. Ausarbeiten
4. Umsetzen
5. Reflektieren

Wie?

Für die Jahresplanung verwenden Sie ebenfalls die Planungsschritte des Planungsprozesses: Sammeln, Ordnen/Kürzen, Planen, Umsetzen, Reflektieren.

Tipp

Sie können jederzeit mit der Jahresplanung beginnen, auch wenn z. B. gerade April ist. Sie müssen nicht darauf warten, bis Ihr Rhythmus beginnt (also z. B. bis Juli, um das kommende Kita-Jahr zu planen). Beginnen Sie jetzt mit der Planung für den Rest des Jahres und dann folgen Sie in Zukunft Ihrem festgelegten Rhythmus.

Nehmen Sie sich Zeit für die Jahresplanung, am besten fernab vom Tagesgeschehen. Denn es geht nicht nur darum, Termine und Schließzeiten zu planen, sondern auch Ihr pädagogisches Vorgehen. Also: Wann haben Sie Zeit und Ruhe, um sich der Planung zu widmen?

Die folgenden Schritte können Sie nach und nach durchgehen und entweder hintereinander erledigen oder auf mehrere Tage verteilen. Zu jedem einzelnen Schritt finden Sie kleine Checklisten und Fragenkataloge in der **Kopiervorlage B** (s. S. 49).

Versuchen Sie, einzuschätzen, was Sie schaffen können. Kein Plan ist in Stein gemeißelt. Der Planungsprozess ist mit der Reflexion darauf ausgerichtet, dass Sie im Laufe des Jahres nachjustieren können. Nutzen Sie regelmäßige Reflexionen dazu, Ihre festen und flexiblen Vorhaben neu zu bewerten.

Kopiervorlage B:

Jahresplanung (1/4)

Vorab: Standortbestimmung

Fragen zur aktuellen Situation:

- [ ] Wie viel Zeit haben wir für unsere Jahresplanung?
- [ ] Wie lange möchten wir uns mit den einzelnen Schritten zur Jahresplanung beschäftigen?
- [ ] Wer ist an welchen Planungsschritten beteiligt?
- [ ] Was planen wir als Gesamtteam, was in den einzelnen Gruppen und was jede*r für sich?
- [ ] Was möchten wir mit der Jahresplanung erreichen?

Fünf Fragen zur Reflexion des letzten Jahres:

- [ ] Was ist passiert, welche Besonderheiten gab es?
- [ ] Was haben wir erreicht und gelernt?
- [ ] Wo hatten wir Probleme und Schwierigkeiten?
- [ ] Wofür sind wir besonders dankbar?
- [ ] Was nehmen wir daraus für das kommende Jahr mit?

1. Sammeln

Tragen Sie feststehende Vorhaben in den Kita-Kalender ein (alles mit einem festen Datum):

- [ ] Ferien
- [ ] Feiertage
- [ ] Feste
- [ ] Geburtstage
- [ ] Fortbildungen
- [ ] Urlaube
- [ ] Supervision
- [ ] Betriebsausflüge
- [ ] pädagogische Planungstage
- [ ] sonstige Termine (z.B.: Ausflüge, Waldtage, zahnmedizinischer Dienst)
- [ ] Ereignisse die typisch für Ihre Kita sind (z.B.: Rituale, typische Aktivitäten)
- [ ] ....

Markieren Sie alle feststehenden Phasen in Ihrem Kalender:

- [ ] Schließzeiten
- [ ] Eingewöhnungsphase
- [ ] Abschiedsphase (z.B.: von Vorschulkindern)
- [ ] längere Urlaube
- [ ] Vorbereitungen (z.B.: auf Feste und Feierlichkeiten)
- [ ] Nachbereitungen (z.B.: für strategische Neuorientierung)
- [ ] weitere Phasen (z.B.: Umbau, Renovierung, Arbeit an der Konzeption, Qualitätsmanagement)

Kopiervorlage B:

Jahresplanung (2/4)

Listen Sie alle flexiblen Vorhaben auf (alles was [noch] kein festes Datum hat oder eine Phase ist):

- ☐ Projekte
- ☐ Ausflüge
- ☐ einzelne Ideen
- ☐ Ziele und Visionen für die Kita
- ☐ Entwicklungsdokumentationen
- ☐ Elterngespräche
- ☐ Qualitätsmanagementprozesse
- ☐ Überarbeitung der Konzeption
- ☐ Themen aus Fortbildungen und Supervision, die integriert werden sollen (z.B.: Kinderparlament, Fallbesprechungen)
- ☐ Teamentwicklung
- ☐ zu diskutierende Termine aus den feststehenden Vorhaben
- ☐ ....

2. Ordnen und Kürzen

Fragen zum Realitätscheck der Termine:

- ☐ Möchten wir alle Termine so übernehmen?
- ☐ Müssen oder wollen wir etwas verändern?
- ☐ Haben wir genug Puffer?
- ☐ Gibt es etwas, das auf nächstes Jahr verschoben werden kann/sollte?
- ☐ Wie sieht das nächste Jahr aus? Müssen wir evtl. Dinge in diesem Jahr erledigen, weil nächstes Jahr zu viel geplant ist?

Fragen zu Ihren flexiblen Vorhaben, auf Grundlage derer Sie ein bis drei Themen für das kommende Jahr auswählen:

- ☐ Was möchten wir in der Kita gern verändern und räumen dem deshalb Priorität ein?
- ☐ Was möchten wir mal ausprobieren?
- ☐ Worauf wollen wir uns im nächsten Jahr fokussieren?
- ☐ Was ist besonders wichtig?
- ☐ Was ist besonders dringend?
- ☐ Von welchen Themen profitiert unsere Arbeit am meisten?

Fragen zum Realitätscheck der Jahresplanung als Ganzes:

- ☐ Ist das realistisch?
- ☐ Sind die Aufgaben entsprechend der Verantwortungen gut verteilt?
- ☐ Müssen oder wollen wir etwas verändern?
- ☐ Haben wir genug Puffer?
- ☐ Gibt es Phasen, in denen wir besonders gut organisiert sein müssen, weil in diesen viel ansteht?
- ☐ Wie können wir Eltern und Kinder mit einbeziehen?
- ☐ Wie können wir die unterschiedlichen Vorhaben, Termine und Phasen möglichst gut vorbereiten?
- ☐ Was müssen wir beachten?
- ☐ Was kann uns dabei helfen, unsere Ziele zu erreichen?

Kopiervorlage B:

Jahresplanung (3/4)

3. Ausarbeiten

Betrachten Sie Ihr aktuelles Quartal:

- [ ] Was steht an?
- [ ] Wie gefüllt ist dieses?
- [ ] Welche Etappenziele haben wir uns gesetzt?

Betrachten Sie Ihren aktuellen Monat:

- [ ] Was steht an?
- [ ] Wie gefüllt ist dieser?
- [ ] Welche Schritte müssen wir gehen, um unser(e) Monatsetappenziel(e) zu erreichen?

Betrachten Sie Ihre aktuelle Woche:

- [ ] Was steht an?
- [ ] Wie gefüllt ist diese?
- [ ] Welche Aufgaben müssen wir diese Woche erledigen, um unserem Etappenziel (unseren Etappenzielen) für den Monat näher zu kommen?

4. Umsetzen

- [ ] Welche Werkzeuge benutzen wir, um unsere Termine, Ideen, Themen, Etappenziele, Aufgaben und Schritte umzusetzen?
- [ ] Mit welchen Methoden setzen wir unsere Pläne um?
- [ ] Wie schaffen wir es, uns zu fokussieren und nicht ablenken zu lassen?
- [ ] Wie bleiben wir motiviert?

5. Reflektieren

Sie können sich die fünf Fragen (s. Standortbestimmung) auch in Bezug auf verschiedene Kategorien stellen und in einer Tabelle auflisten. Das ermöglicht Ihnen eine detailliertere Reflexion. Kategorien können sein:

- [ ] Mitarbeiterstruktur
- [ ] einzelne Gruppen
- [ ] Leitungsteam
- [ ] gesamtes Team
- [ ] Räume
- [ ] pädagogisches Konzept
- [ ] Vorschularbeit
- [ ] Zusammenarbeit mit Träger
- [ ] Beobachtung
- [ ] Zusammenarbeit mit Eltern
- [ ] Vernetzung
- [ ] Wochen- und Tagesablauf

Kopiervorlage B:

Jahresplanung (4/4)

Frage: / Kategorie:	Was ist im Vorjahr passiert, welche Besonderheiten gab es?	Was haben wir erreicht und gelernt?	Wo hatten wir Probleme und Schwierigkeiten?	Wofür sind wir besonders dankbar?	Was nehmen wir daraus für das kommende Jahr mit?
Pädagogisches Konzept					
Zusammenarbeit mit Eltern					
Tagesablauf					
Arbeit mit und am Kind					
Feste und besondere Aktivitäten					

Weitere Reflexionsfragen finden Sie in der **Kopiervorlage 9** (s. S. 77).

Werkzeug C: Projektplanung mit einem Kanban-Board

Kategorie

Sammeln | **Ordnen/Kürzen** | **Ausarbeiten** | **Umsetzen** | **Reflektieren**

Zeitaufwand:
- 15-60 Minuten

Material:
- Stift
- Papier
- Klebezettel
- Whiteboard (oder Tafel, Pappe, o.Ä.)

Geeignet für: Leitung | Team | Persönlich

Warum?

Ein Projekt ist, allgemein gesagt, ein Vorhaben. **Jedes Projekt verfolgt ein bestimmtes Ziel, das sich aus mehreren Aufgaben zusammensetzt.** Es sind unterschiedliche Schritte zu vollziehen, bis das Projekt beendet ist. Einige Beispiele für Projekte in der Kita sind:

- Osterfrühstück
- Geburtstagskalender basteln
- Konzeption anpassen
- Gruppenraum umgestalten
- Sommerfest
- Kinderschutzkonzept erarbeiten
- Elternarbeit reflektieren

Ein Projekt kann unterschiedlich groß und lang sein und auch der Projektprozess kann sich in der Dauer unterscheiden. Sie können manche Projekte klein und fein halten oder groß anlegen und gestalten. Auch das Budget kann dabei bestimmen, ob es ein kleines oder großes Projekt wird.

Fallbeispiel

Sie können den Gruppenraum umgestalten, indem Sie ein paar Möbel rücken und das Spielmaterial austauschen. Sie können es aber auch als ein größeres Projekt anlegen, wenn Sie den Gruppenraum streichen und neue Möbel anschaffen.

Tipp

Bei großen Projekten kann es sinnvoll sein, einen Projektleiter festzulegen, der die Übersicht behält. Einige Beispiele für große Projekte sind:

- *Konzeption neu schreiben*
- *Aufnahme von U-3-Kindern in eine Kita, in der bisher nur Kinder ab drei Jahren aufgenommen wurden*
- *Auseinandersetzung und Einführung eines neuen pädagogischen Themas, wie z.B.: Inklusion, Partizipation oder Portfolioarbeit*
- *Um- oder Neubau*

Wie?

Sie können die Schritte aus dem Planungsprozess (ab S. 25) ebenfalls auf Ihr Projekt anwenden. Dazu sammeln Sie zunächst alle Ideen, dann ordnen und reduzieren Sie diese, planen die Umsetzung und handeln danach. Am Schluss reflektieren Sie Ihr Projekt.

Ergänzt wird der Planungsprozess in diesem Kapitel um eine weitere Methode, um Ihr Zeit- und Selbstmanagement zu optimieren: **die Kanban-Board-Methode.**

Was ist ein Kanban-Board?

Kanban kommt ursprünglich aus dem Japanischen und bedeutet übersetzt so viel wie: Signalkarte oder -tafel. Ursprünglich ist es vom Unternehmen Toyota Ende der 1940er-Jahre entwickelt worden, um die **Produktionssteuerung** im Unternehmen zu verbessern. Heutzutage wird das Kanban-Board, die Kanban-Karte oder -Tafel vielfältig als Projektplanungsmethode eingesetzt, von der Projektplanung im Team bis hin zur persönlichen Planung. Als **agile Projektmethode** schafft es eine bessere Übersicht, um damit die Produktivität und den Arbeitsfluss in einem Projekt zu steigern. Der Vorteil eines Boards, einer Karte oder Tafel ist es, dass es/sie visuell ist/sind und damit die Arbeitsprozesse sichtbar und überprüfbar gemacht werden können.

Klassischerweise wird ein Kanban-Board an einer Wand erstellt. Dazu eignen sich vor allem Whiteboards, aber Sie können auch Tafeln, Pinnwände oder Ähnliches verwenden. Selbst mit Karteikarten funktioniert diese Methode. Dann ist Ihr Board sogar mobil. Ihrer Kreativität sind dabei keine Grenzen gesetzt. Weiterhin sind auch Klebezettel ein geeignetes Material. Denn diese lassen sich beliebig verschieben, was der Methode dienlich ist. Außerdem benötigen Sie einen gut lesbaren Stift, der die Dicke eines normalen Textmarkers hat.

Das **Grundprinzip des Kanban-Boards besteht aus einer Tabelle mit drei Spalten**. Es gibt unterschiedliche Begriffe, wie diese Spalten benannt werden können. Hier ist beispielhaft eine Möglichkeit dargestellt:

Grundprinzip Kanban

Zu erledigen	In Arbeit	Erledigt

Sie schreiben einzelne Aufgaben auf Karten oder Klebezettel. In der ersten Spalte „Do" (zu erledigen) werden alle anfallenden Aufgaben gesammelt. Wenn eine Person eine Aufgabe übernimmt und anfängt, sie zu bearbeiten, dann wandert die Aufgabe in die zweite Spalte „Doing" (in Arbeit). Sobald die Person die Aufgabe erledigt hat, wandert sie in die dritte Spalte „Done" (erledigt).

Wie funktioniert das Kanban-Board in der Kita?

Die folgende „Schritt für Schritt"-Anleitung hilft Ihnen zum Einstieg:

1. Erstellen Sie ein Kanban-Board, indem Sie die Tabelle mit drei Spalten zeichnen und die Spalten entsprechend beschriften (s. Abbildung oben).

2. Erstellen Sie auf einem gesonderten Blatt einen Projektplan, den Sie an das Board heften, mit folgenden Angaben:
   - Projektname
   - Leiter*in/verantwortlich
   - Ergebnis/Ziel
   - Termin/Deadline
   - Sonstiges/Notizen
3. Unterteilen Sie das Projekt in einzelne kleine Schritte bzw. Aufgaben. Einen Plan in einzelne Schritte herunterzubrechen, macht es übersichtlicher. Kleine Schritte sind leichter abzuarbeiten und schaffen damit zwischendurch bereits kleine Erfolgserlebnisse.

Sie haben mit dem Kanban-Board einen Routenplan, bei dem Sie eine Station nach der anderen abfahren bzw. erledigen können, indem Sie die Klebezettel in den drei Spalten weiterwandern lassen.

Varianten

Das Grundprinzip des Kanban-Boards kann auf vielfältige Weise verändert und ausgebaut werden. Benutzen Sie, was für Ihre aktuelle Situation in der Kita passt und was Sie brauchen.

Aufgaben limitieren

Damit Sie sich nicht zu viel auf einmal vornehmen, können Sie die Aufgabenmenge in der Spalte „Doing" (in Arbeit) limitieren. Legen Sie dazu fest, wie viele Aufgaben Sie maximal gleichzeitig bearbeiten wollen. Entweder machen Sie die Spalte nur so groß, dass exakt diese Anzahl an Klebezetteln hineinpasst, oder Sie schreiben die entsprechende Zahl oben in die Spalte. Sie dürfen dann erst neue Klebezettel in die Spalte kleben, wenn ein Platz frei ist.

Transparenz schaffen

In einem Kanban-Board bzw. auf den Klebezetteln darin können Sie unterschiedliche Informationen unterbringen und so Transparenz zu Ihrer Projektarbeit schaffen. Notieren Sie z.B.: die Aufgabe, wer sie erledigt, bis wann sie erledigt sein sollte und alle weiteren wichtigen Informationen.

Farbcodes und Symbole verwenden

Farbcodes und Symbole können in Ihrem Board unterschiedliche Zwecke erfüllen. Sie können damit Zuständigkeiten, Dringlichkeit und Themen markieren.

Mehr Spalten einführen

Bevor Sie neue Spalten integrieren, überlegen Sie, ob Sie diese wirklich brauchen und wie viel Fläche Sie dafür benötigen. Vielleicht machen Sie zwei bis drei Spalten übereinander, um Platz auf dem Board zu sparen. Zusätzliche Spalten können sein:

- „Warten auf" (wenn Sie auf andere warten müssen, um am Projekt weiterarbeiten zu können, beispielsweise auf ein Angebot von Möbelfirmen)
- „Delegieren" (wenn Sie die Aufgabe an jemanden weitergeben möchten, z. B die Eltern, und noch niemanden gefunden haben, der sie übernimmt)
- „Reflektieren" (wenn Sie Aufgaben oder die Prozesse dahinter reflektieren möchten)
- „Heute" (wenn Sie aus Ihren aktuellen Projekten konkrete Aufgaben heute umsetzen möchten)

Aufteilen auf Teammitglieder

Jedes Teammitglied kann eine Farbe oder ein Symbol haben, das es auf dem Kanban-Board anbringt. So markiert jeder, welche Aufgabe er übernimmt. Alternativ kann für jedes Mitglied eine Zeile auf dem Board gezogen werden.

3.2 Werkzeuge für die feine Planung

Die Werkzeuge für die grobe Planung geben Ihnen eine gute Grundlage, auf der Sie Ihr Selbst- und Zeitmanagement aufbauen können.

Die Werkzeuge für die feine Planung sind dazu gedacht, diese Grundlage im Alltag **umzusetzen, fokussiert und motiviert zu bleiben** und die Aufgaben zu Ende zu bringen. Sie dürfen diese Werkzeuge auch **zwischendurch im Alltag** verwenden. Wie bei Handwerkern: Hier eine Schraube festziehen und da einen Holzsplitter wegfeilen.

Die Werkzeuge für die feine Planung sind vielfältig und **unabhängig einsetzbar**, können aber ebenfalls mit den groben Werkzeugen kombiniert werden.

Passen Sie die feinen Werkzeuge Ihrem Bedarf an und drehen Sie damit an den entsprechenden Stellschrauben Ihrer Projektplanung.

Werkzeug 1: Braindump-Methode

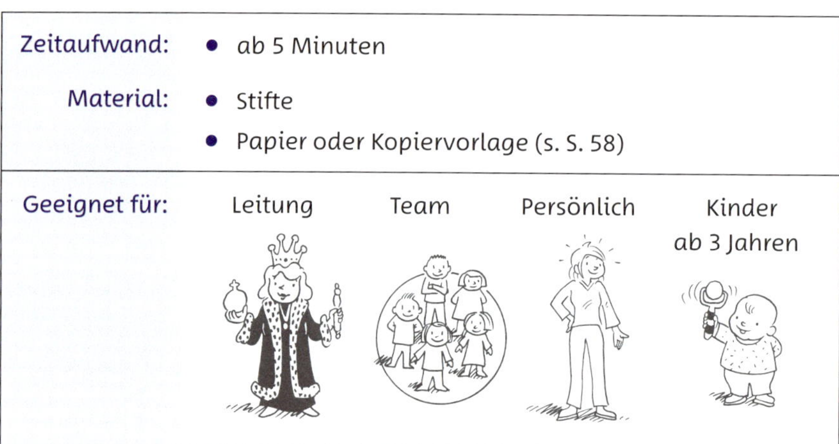

Warum?

Braindump bedeutet übersetzt aus dem Englischen im übertragenen Sinne: das Gehirn entladen (Brain = Gehirn, to dump = entleeren). Bei der Braindump-Methode geht es darum, alles aus dem Kopf auf das Papier zu bringen. Alle Gedanken, Ideenfetzen und Aufgaben sowie Projekte niederzuschreiben, ohne sie zu bewerten. Denn unerledigte Sachen, ungelöste Probleme und Fragen blockieren Sie gedanklich, bis sie aufgelöst werden. Mit der Braindump-Methode können Sie diesem Phänomen entgegenwirken.

Die Methode ist besonders effektiv, wenn Sie nicht wissen, wo Ihnen der Kopf steht, oder wo Sie anfangen sollen. Sie funktioniert ähnlich wie Brainstorming und hilft Ihnen, auf weitere Ideen und Assoziationen zu kommen.

Wie?

Eine wirkliche Regel zum Vorgehen gibt es nicht. Hauptsache, Sie bekommen den Kopf frei. Am einfachsten ist, Sie schreiben die Dinge von oben nach unten auf, so wie sie Ihnen in den Kopf kommen. Der Unterschied zum Brainstorming besteht darin, dass Sie beim Brainstorming Gedanken zu einem Thema sammeln. Beim Braindump listen Sie alles auf, unabhängig vom Thema. Ihre Liste kann dann so aussehen:

- Spülmaschine ausräumen
- Wochenplan schreiben
- Gartenschrank aufräumen
- Fenster neu dekorieren
- Online nach neuen Bastelideen gucken, gibt es z.B. ein Fingerspiel zum Thema Fische?
- E-Mail an Frau X
- Glühbirne im Flur auswechseln
- Welche Fortbildung könnte ich machen?
- Puzzle auf Vollständigkeit prüfen

Variante: Mindmap

Sie können Ihre Braindump-Liste auch wie eine Mindmap gestalten. Das eignet sich besonders, wenn Sie mehrere Themen haben und Ihre Gedanken gleich ein wenig ordnen möchten. Nutzen Sie dazu ein leeres Blatt. Malen Sie in die Mitte einen Kreis. Schreiben Sie „Braindump" hinein. Von dem Kreis können Sie nun Ihre Gedanken in einzelne Kategorien ordnen, wie Sie es in der folgenden Abbildung sehen.

Damit haben Sie Ihre Aufgaben auch gleich gebündelt.

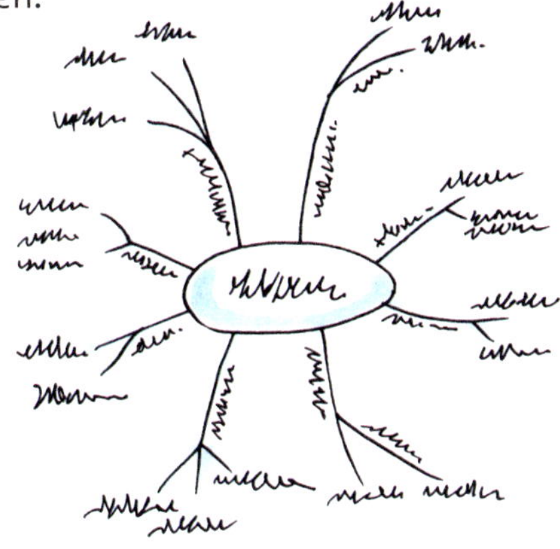

Variante: 50 Ideen

Während es das Ziel der Braindump-Methode ist, den Kopf freizubekommen, geht es bei der Variante mit 50 Ideen darum, eine Sammlung zu einem Thema anzulegen. In der **Kopiervorlage 1** auf der folgenden Seite finden Sie eine Liste mit 50 Zeilen. Ziel dieser Variante ist es, wirklich alle 50 Zeilen vollzuschreiben. Durch die Zahlenvorgabe sind Sie wahrscheinlich mehr damit beschäftigt, viele Ideen zu finden, als wirklich das Beste oder „Richtige" aufzuschreiben. Das hilft, Ausreden zu überwinden und quantitativ möglichst viele Ideen zu generieren. Auch wenn Sie denken, Ihnen fällt nichts mehr ein, lassen Sie diesen leeren Raum eine Weile zu, dann wird Ihr Gehirn ihn füllen.

Statt 50 Gedanken und Ideen können Sie die Zahl auch steigern auf 100. Oder witzige Zahlen nehmen wie 33, weil Ihre Einrichtung vielleicht 33-jähriges Jubiläum feiert.

Varianten für Kinder

Auch Kinder können so lernen, weiterzudenken und eine Zeit der Leere im Kopf zuzulassen. Sie lernen, dass Leere nichts Schlimmes ist, sondern, dass Leere einen auf völlig neue Ideen bringen kann und die Fantasie anregt. Finden Sie mit den Kindern 50 Dinge, wie z.B. 50 Tiere, 50 Pflanzen, 50 Lieder, 50 schöne Erinnerungen. Wenden Sie das mit einer Gruppe von Kindern an, machen Kinder die Erfahrung, dass man gemeinsam auf mehr Ideen kommt als allein. Gleichzeitig ist es eine gute Sprachförderübung zur Wortschatzerweiterung.

Außerdem können Sie die Tabelle in der **Kopiervorlage 1** (s. S. 58) auch für das Portfolio nutzen und ein Kind kann zu einem selbst gewählten Thema möglichst viel sammeln und immer mal wieder diese Tabelle ergänzen. So kann die Sammlung auch über mehrere Wochen hinweg entstehen.

Kopiervorlage 1:

Braindump oder 50 Ideen sammeln

Entleeren Sie Ihren Kopf und füllen Sie die Liste mit allem, was Ihre Gedanken beschäftigt, oder versuchen Sie, zu einem Thema 50 Ideen zu generieren.

1.		26.	
2.		27.	
3.		28.	
4.		29.	
5.		30.	
6.		31.	
7.		32.	
8.		33.	
9.		34.	
10.		35.	
11.		36.	
12.		37.	
13.		38.	
14.		39.	
15.		40.	
16.		41.	
17.		42.	
18.		43.	
19.		44.	
20.		45.	
21.		46.	
22.		47.	
23.		48.	
24.		49.	
25.		50.	

Werkzeug 2: Mustertag-Übung

Kategorie

Sammeln	Ordnen/Kürzen	Ausarbeiten	Reflektieren

Zeitaufwand:
- 30–60 Minuten

Material:
- Kopiervorlage (s. S. 61)
- Papier
- evtl. bisheriger Tagesablauf
- Stift

Geeignet für: Leitung | Team | Persönlich | Kinder ab 3 Jahren

Warum?

Der Mustertag ist eine gute Achtsamkeitsübung, die Ihnen hilft, herauszufinden, was Sie wollen, wohin Sie wollen und wie Sie dahin kommen. Haben Sie sich schon einmal Gedanken darüber gemacht, wie ein mustergültiger Kita-Tag aussehen könnte?

Tipp

Achtung, hier geht es nicht um den normalen Kita-Tagesablauf (also Morgenkreis, Mittagessen usw.) Diese Aktivitäten sind bei Ihnen fest geplant. Hier geht es um Ihre besonderen Aufgaben, wie Beobachtungen, Dokumentation, Förderung einzelner Kinder oder spezielle Angebote.

Wofür hätten Sie gern mehr Zeit? Wann können Sie besondere Aufgaben in Ihren Tagesablauf integrieren? Wie sähe ein idealer, perfekter, bestmöglicher Arbeitstag für Sie aus? Natürlich gibt es diesen in der Realität leider nicht. Aber wenn Sie sich einmal Gedanken darüber machen, wie dieser Mustertag aussehen könnte, entdecken Sie womöglich Veränderungspotenzial. Dann haben Sie die Möglichkeit, gezielt darauf hinzuarbeiten. Ihr Mustertag kann Missstände aufzeigen und Ihnen helfen, Ihre Arbeitsweise und -umstände neu zu gestalten. Damit Sie sich wohler auf der Arbeit fühlen und mehr Zufriedenheit erlangen.

Wie?

Am besten lässt sich diese Methode anwenden, wenn Sie entspannt sind, denn Sie dürfen träumen. Teilen Sie Ihren idealen Arbeitstag in Stunden (7:00–8:00 Uhr, 8:00–9:00 Uhr ...) oder in Blöcke (Frühdienst 7:00–8:30 Uhr, Frühstückszeit 8:30–9:30 Uhr, Morgenkreis 9:30–10:00 Uhr ...) ein. Dann schreiben Sie in die Blöcke daneben, wie Sie diese gern füllen und womit Sie diese verbringen möchten. Dazu können Sie auch zwei Spalten machen und in eine Spalte schreiben, was Sie in dieser Zeit auf keinen Fall machen möchten. Schauen Sie sich Ihren Mustertag nun an. Wie weit weicht dieser von der Realität ab? Woran liegt das?

Arbeiten Sie einmal mit dem Konzept des Mustertages, haben Sie die Chance, in beide Richtungen Veränderungen vorzunehmen. Entweder passen Sie die Realität an, indem Sie Umstände und/oder Ihr Verhalten ändern, um Ihrem Mustertag näher zu kommen. Oder Sie stellen fest, dass Ihr Mustertag zu weit von der Realität abweicht, dann passen Sie diesen an.

So kommen Sie Ihrem idealen Tag immer näher. Sie können die **Kopiervorlage 2** (s. S. 61) immer wieder neu ausdrucken und gestalten, wie Sie es gerne hätten. Es geht hier nicht um Aktivitäten mit Kindern, sondern um Ihre pädagogische Arbeit, wie z.B. Beobachtung und Dokumentation.

Variante 1

Verwenden Sie die **Kopiervorlage 2**, um einen besonderen Tag zu planen (z.B. Karneval). Überlegen Sie, wie Sie Ihren üblichen Tagesablauf anpassen müssen und wie Sie welchen Block des Tages gestalten wollen, um den Kindern einen besonderen Tag zu schenken.

Variante 2

Verwenden Sie die Mustertag-Übung, um gemeinsam im Team herauszufinden, wie sich jeder seinen idealen Arbeitstag vorstellt. Diese Übung eignet sich, um zu erkennen, was den einzelnen Kolleg*innen wichtig ist und worauf sie sich gern fokussieren möchten. Wünsche werden so transparent gemacht und es kann eine gegenseitige Unterstützung erfolgen, damit jedes Teammitglied zufriedener mit seiner Arbeit wird. Erstellen Sie dazu entweder gemeinsam einen Mustertag oder jede*r erstellt seinen*ihren eigenen Mustertag und diese werden dann miteinander verglichen. Was können Sie im Alltag verändern?

Variante mit Kindern ab 3 Jahren

Statt Uhrzeiten oder Blöcken tragen Sie in die erste Spalte der Tabelle auf der **Kopiervorlage 2** Symbole ein, z.B. für Frühstück, Morgenkreis und Freispielzeit. Dann können die Kinder dahinter malen, passende Bilder aus Zeitschriften ausschneiden oder Ihnen diktieren, wie für Sie diese Zeit idealerweise aussieht (z.B. „Zum Frühstück esse ich am liebsten Cornflakes"). Diese Seite kann dann weiterverwendet werden. Bauen Sie Elemente daraus im Sinne der Partizipation in den Kita-Alltag ein oder nehmen Sie diese mit ins Kinderparlament. (Können wir gesunde Cornflakes zum Frühstück anbieten?) Ebenso kann sie in den Portfolio-Ordner des beteiligten Kindes geheftet werden.

Kopiervorlage 2:

Mustertag

Tragen Sie in die erste Spalte die Uhrzeit/den Block ein. Für die Blöcke können Sie mehrere Zeilen verbinden, indem Sie mit einem Stift mehrere Zeilen zu einem Block farbig umranden. Die Spalten (oder den Farbcode) können Sie nutzen, um zwischen Personengruppen zu trennen (wenn Vorschulkinder in der Vorschule sind, dann bieten Sie gezielt den jüngeren Kindern etwas an) oder um einzelne Teammitglieder einzutragen (wenn diese zu speziellen Zeiten feste Aufgaben haben).

Uhrzeit/Block	So wäre es perfekt:				

Notizen:

....

....

....

....

....

Farbcode

Name:	Farbe:

Werkzeug 3: Priorisierungsthermometer

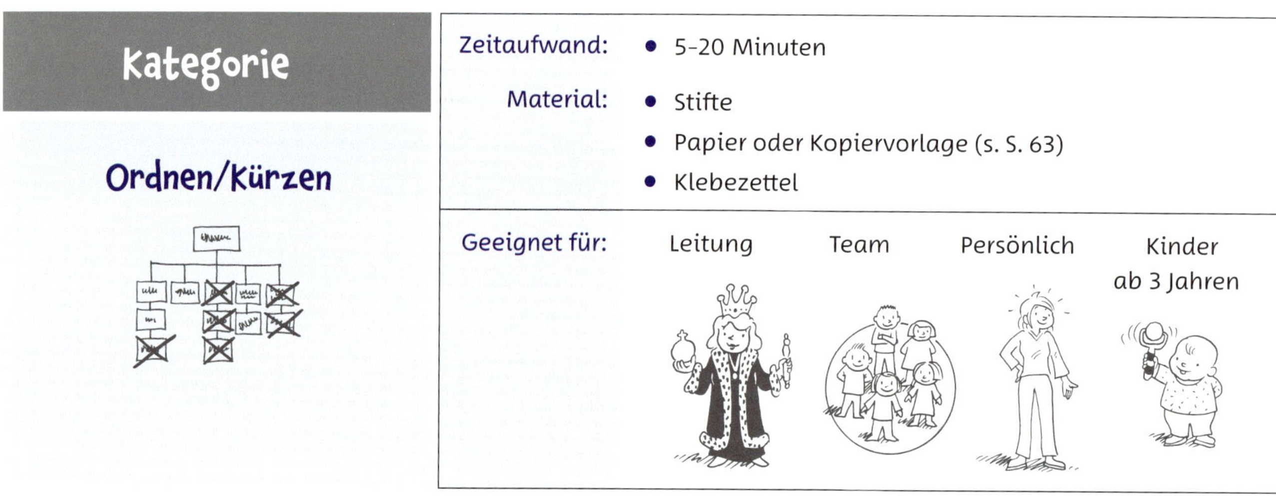

Warum?

Im Alltag alles im Blick zu behalten, ist oft nicht einfach. Viele Informationen strömen auf Sie ein. Es gibt so viel zu tun. Was sollen Sie zuerst erledigen? Wo nur anfangen? Dabei hilft eine Priorisierung der Aufgaben. Wenn Sie wissen, was die wichtigste Aufgabe ist, können Sie damit beginnen. Es lohnt sich, darüber kurz nachzudenken. Dabei hilft das Priorisierungsthermometer aus der **Kopiervorlage 3** (s. S. 63).

Wie?

Ein Thermometer zeigt die Temperatur von etwas an. Das Priorisierungsthermometer soll Ihnen zeigen, wie „heiß", also dringend und wichtig die Aufgabe ist.

In der Kopiervorlage 3 finden Sie ein Thermometer, in das Sie Ihre Aufgaben mithilfe von Klebezetteln entsprechend einordnen können. Wenn Ihre Umstände sich ändern, können Aufgaben auf dem Thermometer hinauf- oder hinunterwandern. Auf einen Blick sehen Sie so, was noch in weiter Ferne liegt, was bald auf Sie zukommt und was Sie sofort erledigen müssen. Schreiben Sie auf die Klebezettel, wie wichtig Ihnen die entsprechende Aufgabe ist, und geben Ihre „Hitzepunkte" von 0–50 an (0 = unwichtig, 50 = sehr wichtig).

Ebenso können Sie auch dringenden Aufgaben Punkte von 0–50 geben. Je dringender die Aufgabe ist, desto höher die Zahl. Rechnen Sie die Punkte der Wichtigkeit und der Dringlichkeit zusammen. Wie viele Hitzepunkte hat die Aufgabe insgesamt? Kleben Sie die Aufgabe an die Zahl auf dem Thermometer (s. Kopiervorlage). Erledigen Sie die oberste (also heißeste) Aufgabe zuerst.

Variante für Kinder

Das Thermometer eignet sich ebenfalls, um Stimmungen von Kindern abzufragen. Lassen Sie das Kind dazu den oberen Bereich des Thermometers rot und den unteren blau ausmalen. Dann schätzt es beispielsweise ein, wie wütend es ist (je röter, desto wütender) oder wie traurig (je blauer, desto trauriger). Dazu zeigt es auf den entsprechenden Bereich. Auch gibt es die Möglichkeit, ein Kind einschätzen zu lassen, wie schwer oder leicht ihm etwas fällt. Statt warm und kalt können Sie hier Smileys verwenden und die Icons Sonne und Wolke oben und unten am Thermometer mit je einem fröhlich-freudigen Smiley und einem traurig-ängstlichen Smiley überkleben.

Kopiervorlage 3:

Thermometer

Schreiben Sie Ihre Aufgaben auf Zettel und bewerten Sie diese Aufgaben mit einer Zahl von 0–50 nach Dringlichkeit und 0–50 nach Wichtigkeit. Je dringender und wichtiger die Aufgabe, desto höher die Zahl. Zählen Sie beide Punkte zusammen und ordnen Sie die Aufgabe entsprechend auf dem Thermometer ein. Arbeiten Sie die Aufgaben von oben nach unten ab.

Werkzeug 4: Pareto-Prinzip

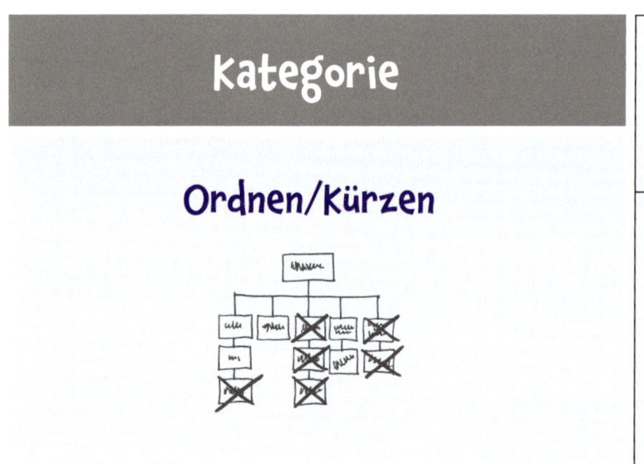

Zeitaufwand:	• 5–30 Minuten
Material:	• Stift • Papier oder Kopiervorlage (s. S. 66)
Geeignet für:	Leitung · Team · Persönlich

Warum?

Beim Pareto-Prinzip geht es darum, das Wichtige vom Unwichtigen zu trennen. Damit konzentrieren Sie sich auf das, was wirklich zählt. Das Pareto-Prinzip hat seinen Namen von dessen Entdecker Vilfredo Pareto (1848–1923). Der Ingenieur, Soziologe und Ökonom fand heraus, dass es in der Welt oft eine Verteilung von 80 zu 20 gibt. Kurz gesagt: Man erreicht 80 % Ertrag mit 20 % Aufwand. Oder anders formuliert: Mit 20 % Arbeitseinsatz kann man 80 % seiner Aufgaben erledigen. Umgekehrt: Für die letzten 20 % müssen Sie 80 % Arbeitseinsatz aufwenden.

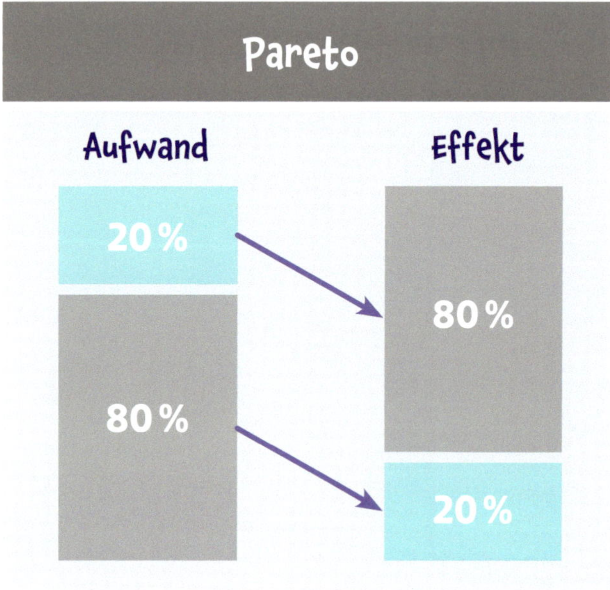

Fallbeispiel

Karneval steht kurz bevor und Sie möchten, passend zum Thema, die Kita in eine Unterwasserwelt verwandeln.

- *20 % Aufwand und 80 % Effekt: Sie verwenden Teile der Dekoration vom letzten Jahr und passen diese ein wenig an. Sie lassen Eltern bereits aufgeblasene Ballons mitbringen, Sie hängen blaue Tücher auf und daran ein paar Plastikfische. Fertig ist die Unterwasserwelt.*

Wenn Sie die Deko aus dem letzten Jahr verwenden, passt vielleicht nicht alles ideal zu Ihrem Thema oder ist eventuell schon leicht beschädigt. Deshalb ist der Ertrag 80 %, weil es nicht perfekt ist, aber Sie haben die Aufgabe erfüllt und die Kita dekoriert. Um 100 % Effekt zu erreichen, müssten Sie noch mal 80 % Aufwand betreiben für die letzten 20 %.

- *80 % Aufwand und 20 % Effekt: Dazu würden Sie aufwändige Bastelarbeiten erstellen, lange Kreppgirlanden über mehrere Nachmittage hinweg ausschneiden und aufhängen und aus Pappmachee riesige Quallen gestalten, die Sie anschließend wieder wegwerfen.*

Zugegeben, die zweite Variante hätte einen großartigen Effekt. Aber Sie kostet auch sehr,

sehr viel Zeit. Sie dürfen sich gern dazu entscheiden, diesen „Preis" zu bezahlen. Es ist Ihre Entscheidung, wofür Sie Zeit aufwenden.

Tipp

Es gibt natürlich Aufgaben, die sind für dieses Prinzip nicht geeignet. So sollten Sie z. B. Hygiene- und Sicherheitsaspekte immer zu 100 % umsetzen.

Wie?

Beziehen Sie die Methode des 80/20-Prinzips bereits bei Ihrer Planung mit ein. Stellen Sie sich dazu die Fragen aus der **Kopiervorlage 4** (s. S. 66). Die Herausforderung beim 80/20-Effekt ist, dass man die richtigen 20 % auswählt, um auch wirklich 80 % des Erfolgs zu erreichen. Auch bei Aufgaben, die Sie zu 100 % erreichen möchten (wie z. B. die aufwändige Karnevalsdekoration) kann Ihnen der 80/20-Effekt helfen. Filtern Sie die 20 %, die 80 % ausmachen, heraus. Das kann wie im Beispiel das Aufhängen der blauen Tücher und der Plastikfische sein. Setzen Sie diese 20 % als Erstes um. Ist danach noch genug Zeit, Kraft, Kapazität und Personal übrig, um den Effekt (bis zu 100 %) zu verbessern, können Sie dann mit den aufwändigeren Arbeiten starten. So umgehen Sie bei Personalengpässen Stress. Auch wenn Ihnen dringende Aufgaben dazwischenkommen, können Sie ganz entspannt diese erledigen und auf die letzten 20 % zur Perfektion verzichten.

Betrachten Sie Ihren Kita-Alltag mit offenen Augen. Suchen Sie nach Möglichkeiten, mit 20 % Aufwand 80 % der Arbeit zu erledigen. Machen Sie diese Arbeiten als Erstes. Dadurch haben Sie nicht nur mehr Zeit für andere Dinge, sondern auch das Wichtigste bereits geschafft.

Tipp

Perfektionismus ist, wenn man immer die restlichen 20 % noch durchziehen muss. Lernen Sie, auch mal mit 80 % des Erfolges zufrieden zu sein.

Variante

Das Prinzip lässt sich nicht nur im Zeitmanagement anwenden, sondern auch auf andere Umstände übertragen. Denken Sie einmal darüber nach:

- 20 % des Spielzeugs werden von den Kindern 80 % der Zeit genutzt. (Was ist das in Ihrer Gruppe?)
- Mit 20 % der Ausgaben kann man 80 % der Dinge umsetzen. (Wie können Sie Ihre Ausgaben sinnvoll einsetzen?)
- Mit wie viel Personaleinsatz kann 80 % des Kita-Alltags bewältigt werden? (In welchen 20 % der Situationen können Sie Personal für andere Aufgaben freisetzen?)
- 80 % einer Teamsitzung führt zu 20 % Ergebnis. (Wie können Sie dieses Verhältnis umkehren?)

Tipp

Es geht hier nicht um die konkrete Zahl, sondern darum, ein Prinzip zu vermitteln. Vielleicht sind es bei Ihnen unter Umständen 40 % und 60 % oder 10 % und 90 %.

Kopiervorlage 4:

Pareto-Prinzip

Wählen Sie aus den folgenden Fragen diejenigen aus, die Ihnen bei der aktuellen Aufgabe helfen, 20 % Aufwand zu lokalisieren und 80 % Erfolg zu erzielen.

- ◯ Was ist der wichtigste Schritt, um die Aufgabe soweit wie möglich voranzubringen?
- ◯ Wie können wir es schneller erledigen oder abkürzen?
- ◯ Können wir etwas streichen/überspringen/vereinfachen?
- ◯ Welche eine Aufgabe müssen wir erledigen, um möglichst viel aller Aufgaben erledigt zu haben?
- ◯ Gibt es jemanden, der*die das für uns erledigen kann?
- ◯ Gibt es etwas, das es für uns erledigen kann?
- ◯ Gibt es Materialien, die uns helfen, schneller zu sein?
- ◯ Welche drei Dinge braucht es, um die Aufgabe als erledigt zu bewerten?
- ◯ Können wir etwas bereits Vorhandenes wieder- oder mehrfach verwenden?
- ◯ Können wir Aufgaben sinnvoll zusammenfassen?
- ◯ Können wir etwas standardisieren oder als Vorlage verwenden?
- ◯ Was können wir weglassen, ohne dass es jemandem auffällt?
- ◯ Wenn wir statt einem Jahr/Monat/Woche nur einen Monat/Woche/Tag Zeit hätten, wie würde es dann aussehen?
- ◯ Wenn wir nur eine Sache machen dürften, welche wäre das?
- ◯ Was ist der Kern der Aufgabe?

Betrachten Sie die Grafik. Überlegen Sie, welche Ihrer Aufgaben einen Aufwand von 20 % haben und welche einen von 80 % und welche Aufgaben 80 % Ergebnis bringen und welche nur 20 %. Ordnen Sie diese der/dem entsprechenden Seite/Balken zu. Beginnen Sie dann immer mit der Bearbeitung von Aufgaben mit 20 % Aufwand.

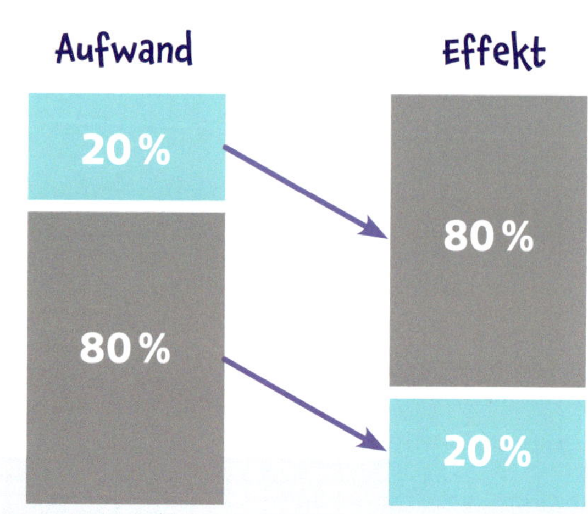

Werkzeug 5: Schritt für Schritt

Kategorie			
Sammeln	Ordnen/Kürzen	Ausarbeiten	Umsetzen

Zeitaufwand:
- 10–30 Minuten

Material:
- Stifte
- Papier oder Kopiervorlage (s. S. 68)

Geeignet für: Leitung · Team · Persönlich

Warum?

Eine visuelle Erinnerung, die hübsch aufbereitet ist, kann die nötige Motivation zur Umsetzung bieten. Der Schritt-für-Schritt-Plan hilft Ihnen, eine große Aufgabe in einzelne, machbare Schritte zu teilen. Das Werkzeug eignet sich vor allem, wenn die Aufgabe sich vor Ihnen auftürmt wie ein Berg. Durch die einzelnen Schritte lässt sich die Aufgabe nach und nach abarbeiten. Nehmen Sie sich vor, jeden Tag einen Schritt zu erledigen. In einigen Tagen haben Sie so Ihren Aufgabenberg bezwungen. Das Aufteilen bewirkt, dass eine große Aufgabe oder ein Projekt in übersichtliche einzelne Einheiten gebracht wird, die für sich genommen machbar erscheinen. Sie sehen so, wie Sie Ihrem Ziel immer näher kommen.

Wie?

Nehmen Sie sich eine umfangreiche Aufgabe vor und schauen Sie genau hin: Was gehört alles dazu? Wie können Sie die groben Aufgabenschritte in kleinere Schritte herunterbrechen? Aus welchen kleineren Aufgaben setzt sich diese wiederum zusammen? Teilen Sie die Aufgabe in mehrere Häppchen auf. Nutzen Sie die **Kopiervorlage 5** (s. S. 68), um die einzelnen Schritte einzutragen und auszumalen, wenn Sie einen der Schritte bewältigt haben. Lässt sich die Aufgabe schwer aufteilen, setzen Sie sich eine Zeitspanne von beispielsweise 25 Minuten und nehmen Sie sich vor, immer 25 Minuten an dieser Aufgabe zu arbeiten. Alle 25 Minuten können Sie dann einen Schritt ausmalen.

Variante: Jahres-Roadmap

Für Ihre persönliche Planung können Sie die einzelnen Schritte auch als Roadmap für das ganze Jahr sehen. Nehmen Sie sich dazu ein großes Ziel (welches Sie in 12 kleine Schritte aufteilen) oder 12 kleine Ziele vor. Tragen Sie Ihre 12 Schritte entsprechend in der Kopiervorlage ein. Am Ende des Jahres (das kann Ihr dreizehnter Schritt in der Kopiervorlage sein) reflektieren Sie: Sind Sie Ihrem Ziel näher gekommen oder haben Sie dieses womöglich sogar ganz erreicht?

Kopiervorlage 5:

Schritt für Schritt

Unterteilen Sie eine große Aufgabe in kleinere, machbare Aufgaben. Notieren Sie auf jedem Zettel einen kleinen Schritt, der Sie zu Ihrem Ziel führt. Immer wenn Sie einen Schritt (also eine Aufgabe) erledigt haben, dürfen Sie den Fußabdruck dazu ausmalen. Malen Sie Schritte dazu, wenn Sie mehr Schritte zu bewältigen haben oder streichen Sie Fußabdrücke durch, wenn Sie weniger Schritte benötigen.

Start (Datum): ....

1. Mein erster Schritt:

2. Als Nächstes mache ich:

3. Ich gehe weiter:

4. Weiter vorwärts komme ich, wenn ich das erledigt habe:

5. Es ist nur ein kleiner Schritt für mich, aber ein großer, meinem Ziel näher zu kommen:

6. Einfach weitermachen:

7. Die Hälfte habe ich bereits geschafft:

8. Ein Schritt nach dem anderen:

9. Jetzt lohnt es sich nicht mehr aufzuhören:

10. Ich halte durch:

11. Ich bin schon weit gekommen und damit komme ich noch weiter:

12. Bald bin ich am Ziel:

13. Jetzt bin ich fast fertig:

Das ist mein Ziel: ....

....

Ich möchte es erreichen bis: ....

Ich habe es tatsächlich erreicht am: ....

Werkzeug 6: Planungskarten

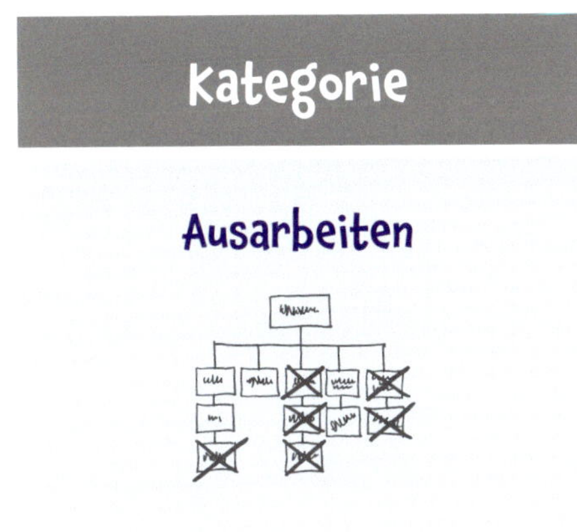

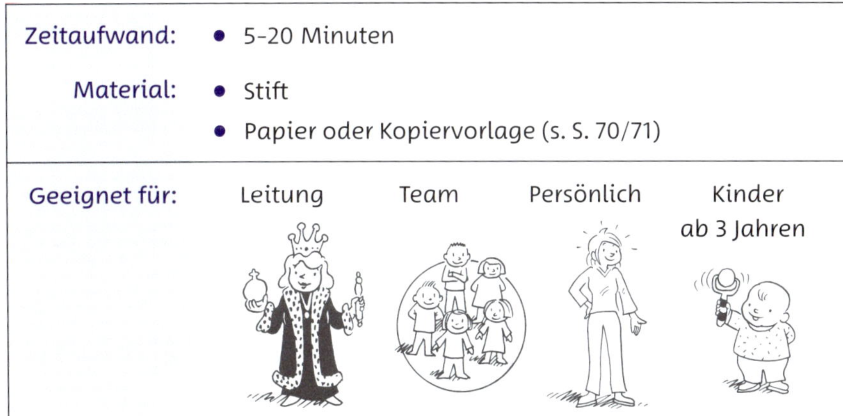

Warum?

Planungskarten unterstützen Sie bei der Planung. Sie müssen diese lediglich einmal ausfüllen und können sich immer wieder daran orientieren. Dabei lassen sich die Karten jederzeit anpassen.

Wie?

Kopieren Sie die folgende **Kopiervorlage 6A** (s. S. 70) und schneiden Sie die benötigten Karten aus. Entweder kopieren Sie diese mehrfach für unterschiedliche Projekte oder laminieren diese ein und beschreiben sie mit einem Folienstift, so können Sie eine Karte auch mehrmals benutzen. Die Rückseite können Sie für Ideen und sonstige Notizen verwenden.

Variante: Planungskarte selbst erstellen

Entwickeln Sie Ihre eigene Planungskarte selbst. Nutzen Sie die Beispiele der Planungskarten für Ihre eigene Planung. Lassen Sie sich dabei von den anderen Karten inspirieren und passen Sie diese entsprechend Ihren Bedürfnissen und Ihrem Planungsvorhaben an.

Variante: Kinder-Planungskarte

Füllen Sie eine Planungskarte gemeinsam mit den Kindern Ihrer Kita aus. Dazu gibt es in der **Kopiervorlage 6B** (s. S. 71) ein Muster. Nutzen Sie hierfür Fotos oder Bilder sowie Symbole statt Text. So können die Kinder auch schon selbstständig Tätigkeiten planen und ausführen.

Kopiervorlage 6A:

Planungskarten

Allgemeine Planungskarte

- Was ist zu tun? ....
- Wer ist verantwortlich? ....
- Wann soll es fertig sein? ....
- Was sind die nächsten drei Schritte?
  - ☐ ....
  - ☐ ....
  - ☐ ....
- Wie kann es mit wenig Aufwand erledigt werden?
  ....

Projekt mit Kindern

Thema:

- Wer führt das Projekt durch? ....
- In welchem Zeitraum? ....
- Welche Aktivitäten bieten wir an? ....
  ....
- Welche Kinder nehmen teil? ....
  ....
  ....
- Welche Materialien brauchen wir? ....
  ....

Planungskarte Ausflug/Aktivität

Ziel:

- Welche Kinder kommen mit? ....
- Wer begleitet den Ausflug hauptsächlich (Erzieher*innen)?
  ....
- Wer begleitet den Ausflug zusätzlich (Praktikant*innen oder Eltern)? ....
- Wie spät wollen wir aufbrechen? ....
- Wann wollen wir zurück sein? ....
- Reservierung/Anmeldung? ....
- Wie kommen wir zu unserem Ziel? ....
- Was muss mitgenommen werden? ....
- Was müssen die Kinder mitbringen bzw. die Eltern mitgeben?
  ....

Eigene Planungskarte

- Was? ....
- Wann? ....
- Wer? ....
- Wie? ....
- Wo? ....
- Sonstiges? ....

Kopiervorlage 6B:

Kinder-Planungskarte

Füllen Sie die Planungskarte gemeinsam mit den Kindern aus und lassen Sie die Kinder Symbole für die einzelnen Schritte malen.

Worum geht es? (Thema):

Wann findet es statt oder muss erledigt sein?

Wo findet es statt?

Wer macht mit, ist verantwortlich?

Was sind die Schritte oder was wird an Material benötigt?

○

○

○

○

○

○

Sonstiges:

Werkzeug 7: Erledigungsstunde

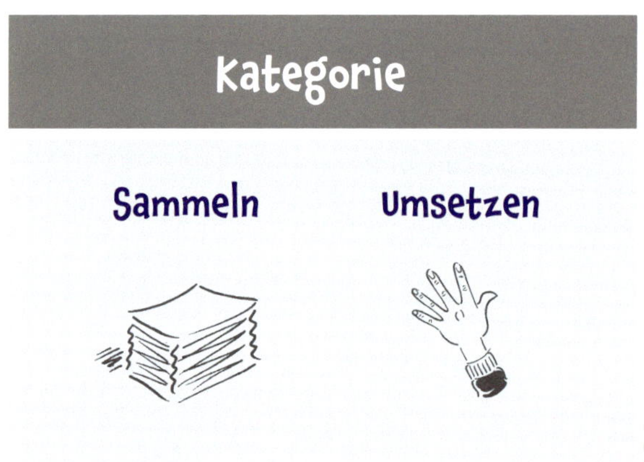

Zeitaufwand:	• 60 Minuten
Material:	• Stift • Papier oder Kopiervorlage (s. S. 73)
Geeignet für:	Leitung · Team · Persönlich

Warum?

Während einer Woche fallen mehrere kleine Erledigungen an: etwas ausdrucken, kopieren, besorgen, recherchieren oder bestellen. Die Aufgaben an sich dauern nur wenige Minuten, aber der Aufwand um diese herum nimmt viel Zeit in Anspruch. Für eine Kopie müssen Sie beispielsweise die Gruppe verlassen, den Büroschlüssel suchen, dann den Kopierer anmachen und womöglich noch Papier nachfüllen usw. Um zu verhindern, dass Sie wertvolle, pädagogische Zeit an diese Kleinigkeiten verlieren, gibt es die Methode der „Erledigungsstunde", in der Sie all diese Dinge nacheinander abarbeiten:

Fallbeispiel

Während der Kopierer startet, kann der PC angeschaltet werden. Da jetzt einmal Papier nachgefüllt ist, können Sie gleich weitere benötigte Unterlagen ausdrucken, etwas recherchieren und im Anschluss zum Einkaufen fahren. Optimalerweise fragen Sie im Kollegium nach, ob Sie für die anderen gleich etwas miterledigen können. Eine Kopie machen? Etwas aus dem Geschäft mitbringen?

Wie?

Idealerweise ist diese Stunde vorbereitet. Das heißt, im Alltag werden alle Aufgaben, die in dieser Stunde erledigt werden können, auf einer Liste gesammelt. Alles, was nicht sofort, aber irgendwann erledigt werden muss, wandert auf die Liste. Am besten für alle zugänglich und so formuliert, dass der*diejenige, der*die die Erledigungsstunde durchführt, weiß, was zu tun ist. Weitere Aufgaben können sein: Putzarbeiten, Telefonate, Schreibarbeiten, Bestellungen usw. Somit bleiben Vorbereitungs- und Teamzeiten frei von diesen kleinen Aufgaben und werden für die pädagogische Arbeit genutzt. Um die Aufgaben zu sammeln, nutzen Sie die **Kopiervorlage 7** (s. S. 73) auf der folgenden Seite.

Tipp

Das Kosten-Nutzen-Verhältnis sollte immer abgewogen werden. Muss beispielsweise nur ein Blatt, in einem bestimmten Format, mit bestimmten Abbildungen und auf einem bestimmten Papier kopiert werden, ist es sinnvoller, diese Aufgabe selbst zu erledigen. Denn den anderen das „Wie" zu erklären, dauert in diesem Fall länger, als es selbst zu kopieren. Einfachere Kopien hingegen können auch leicht übertragen werden.

Kopiervorlage 7:

Erledigungsstunde

Tragen Sie anfallende Aufgaben in die Tabelle ein und erledigen Sie diese gebündelt in einer Stunde.

Zu erledigende Aufgabe	Hinweise, Notizen, Informationen:	Wo erledigen (Ort):	Erledigt (Haken):	Erledigt von (Unterschrift):

Werkzeug 8: Der Timer

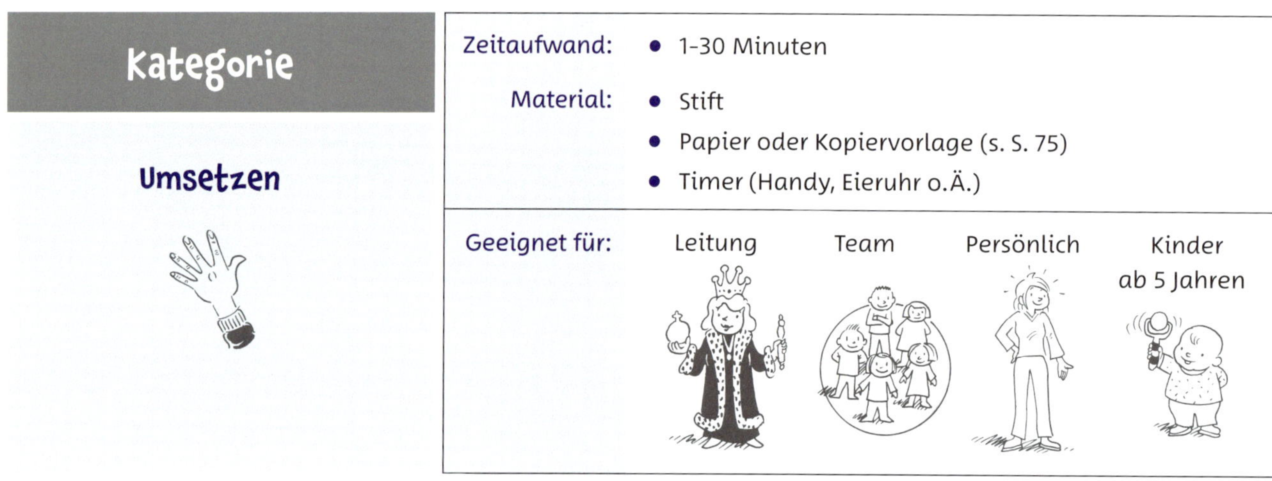

Warum?

Wenn Sie einen Timer stellen, dann müssen Sie eine Zeit festlegen, d. h., Sie schätzen, wie lange Sie für diese Aufgabe brauchen. Machen Sie das regelmäßig, so kann dieser Richtwert für zukünftige Tätigkeiten verwendet werden. Außerdem fördert er einen bewussteren Umgang mit Zeit. Mit einem Timer arbeiten Sie automatisch schneller und fokussierter. Denn der Timer läuft für diese eine Aufgabe und das Ziel ist es, diese zu erledigen, bevor er klingelt. Der Timer wird zum objektiven Signal, das Ihnen einen Rahmen setzt und Sie daran erinnert, Pausen zu machen. Die Aufgabe bekommt einen spielerischen Touch. Sie können Rekorde aufstellen und versuchen, Ihre eigenen Rekorde zu brechen. Ein paar Ideen dazu finden Sie auf der **Kopiervorlage 8** (s. S. 75).

Wie?

- Legen Sie eine Aufgabe und deren konkretes Ziel fest (z. B. neues Gruppenbuch ausfüllen, Daten der Kinder korrekt eintragen).
- Schätzen Sie, wie lange die Aufgabe dauert (z. B. 25 Minuten). Arbeiten Sie nicht länger als 50 Minuten am Stück!
- Legen Sie sich alles zurecht, was Sie für die Aufgabe benötigen (z. B. Stift, Kalender, Daten der Kinder, Kaffee).
- Stellen Sie den Timer auf die festgelegte Zeit und arbeiten Sie an der Aufgabe, bis der Timer klingelt.
- Ziehen Sie ein Resümee: Haben Sie Ihre Aufgabe in Ihrer geplanten Zeit geschafft? Warum bzw. warum nicht?
- Gönnen Sie sich eine kleine Pause (etwa 5 Minuten).
- Arbeiten Sie dann weiter an dieser oder einer neuen Aufgabe, indem Sie sich wieder den Timer entsprechend stellen.

Variante für Kinder

Vor allem Kinder ab vier Jahren haben Spaß daran, schnell zu sein. Legen Sie mit den Kindern eine klare Aufgabe fest. Besonders geeignet ist beispielsweise das Aufräumen eines bestimmten Bereichs. Timerzeiten zwischen einer bis zu fünf Minuten haben sich hier bewährt. Statt eines Timers kann man auch ein Lied nehmen, das entweder abgespielt oder selbst gesungen wird. Versuchen Sie, gemeinsam fertig zu sein, bevor das Lied vorbei ist oder der Timer klingelt. Wichtig ist, dass es klare Vorgaben für die Kinder gibt. Machen Sie eine Gemeinschaftsaufgabe daraus (keinen Wettbewerb, hier steht nicht das Können des Einzelnen im Vordergrund, sondern das Rennen mit der Zeit). Wer mit seinem Bereich fertig ist, kann den anderen helfen.

Kopiervorlage 8:

Timerspiele

Mit einem Timer können Sie spielerisch Ihre Aufgaben bewältigen.

1. Spiel: Zeit unterbieten

Erledigen Sie dieselbe Aufgabe dreimal hintereinander.
Versuchen Sie, jedes Mal schneller zu werden.

Aufgabe: .... **Geschätzte Zeit:** ....

	Runde 1	Runde 2	Runde 3
Tatsächlich benötigte Zeit			

2. Spiel: Zeiten abhaken

Nehmen Sie sich eine Liste mit Aufgaben und setzen Sie sich eine Deadline (Frist), diese kann auch an einem anderen Tag sein. Versuchen Sie, bis dahin so viele Aufgaben wie möglich zu bewältigen. Stellen Sie den Timer auf eine Zeitspanne (z.B.: 5 Minuten) ein und arbeiten Sie an einer Aufgabe, während der Timer läuft. Sobald der Timer klingelt, malen Sie das gewählte Minutenstück aus. Bei nächster Gelegenheit wiederholen Sie das Ganze mit einem anderen Minutenstück. Versuchen Sie, alle Stücke und so viele Aufgaben wie möglich vor Ihrer Deadline zu erledigen.

3 Min | 5 Min | 8 Min | 10 Min | 15 Min | 20 Min | 25 Min | 30 Min | 28 Min | 22 Min | 17 Min | 9 Min

Zu erledigende Aufgaben:

- ☐ ....
- ☐ ....
- ☐ ....
- ☐ ....
- ☐ ....
- ☐ ....
- ☐ ....
- ☐ ....
- ☐ ....
- ☐ ....

Werkzeug 9: Reflexionsfragen

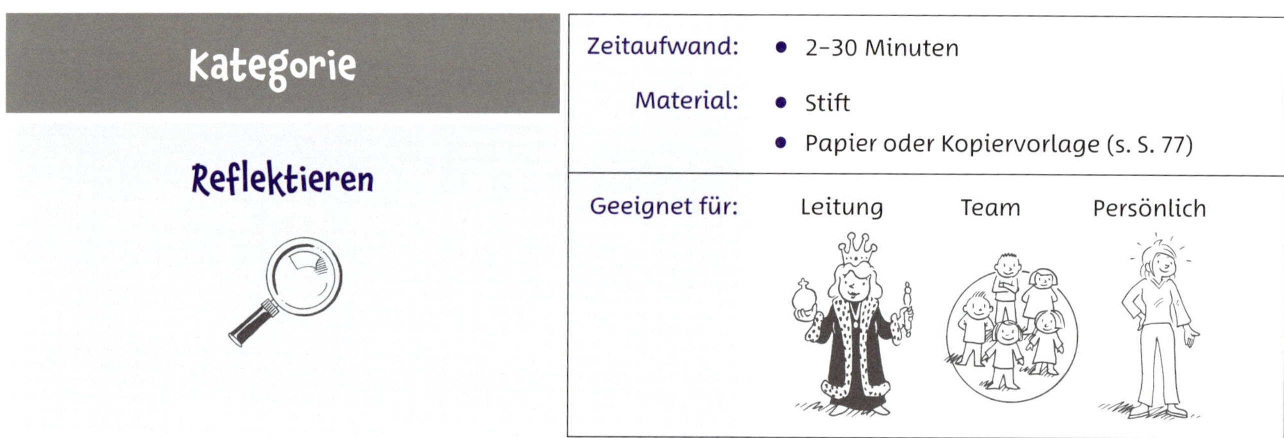

Warum?

Fragen helfen, vergangene Ereignisse und Ist-Zustände zu reflektieren. Eine Verbesserung der pädagogischen Qualität und der eigenen Arbeit wird durch Reflexionsfragen vorangetrieben. Sie sind nützlich, um Situationen von einer Metaebene aus zu betrachten und mit Abstand die Ereignisse neu zu bewerten. Außerdem entwickeln Sie dadurch Ideen, wie Probleme in Zukunft besser bewältigt werden können.

Wie?

In der **Kopiervorlage 9** (s. S.77) finden Sie verschiedene Reflexionsfragen. Legen Sie fest, welches Thema Sie reflektieren möchten, wählen Sie dazu passend drei bis fünf Fragen aus und beantworten Sie diese.

Alternativ können Sie auch z.B.:

- wöchentlich eine andere Frage beantworten
- die Fragen nutzen, um gemeinsam im Team zu reflektieren
- die Fragen ausschneiden, mischen und drei ziehen

Probieren Sie es doch gleich mal mithilfe der folgenden Kopiervorlage aus. Denken Sie an eines Ihrer typischen Probleme im Zusammenhang mit Zeit- und Selbstmanagement und reflektieren Sie dieses mit den Fragen aus der Kopiervorlage. Zeigen Sie dazu mit geschlossenen Augen auf einen Satzanfang. Beantworten Sie diesen dann im Bezug auf Ihr ausgewähltes Reflexionsthema.

Denken Sie daran, Ihre Antworten schriftlich festzuhalten.

Kopiervorlage 9:

Reflexionsfragen

Wählen Sie (zufällig) drei bis fünf Fragen aus und beantworten Sie diese schriftlich entsprechend Ihres Themas oder Ihrer Tätigkeit, das oder die Sie reflektieren möchten.

1. Auf einer Skala von 1–10 (1 = katastrophal, 10 = bombastisch) empfinde ich die Tätigkeit/Situation als eine (bitte einkreisen): 1 2 3 4 5 6 7 8 9 10
Für diese Zahl habe ich mich entschieden, weil:

2. Für die Tätigkeit habe ich so lange gebraucht, weil:	**3.** Das habe ich gelernt:	**4.** Das hätte ich besser machen können:
5. Das möchte ich noch lernen:	**6.** Das mache ich beim nächsten Mal anders:	**7.** Das mache ich beim nächsten Mal genauso:
8. Das will ich mehr machen:	**9.** Das will ich weniger machen:	**10.** Das fehlt mir noch:
11. Das will ich verändern:	**12.** Das will ich etablieren:	**13.** Ich erlaube mir:
14. So habe ich mich gefühlt:	**15.** So will ich mich fühlen:	**16.** Das will ich beginnen:
17. Das will ich beenden:	**18.** Das fiel mir schwer:	**19.** Das fiel mir leicht:
20. Das brauche ich noch:	**21.** Darauf möchte ich mich mehr konzentrieren:	**22.** Dieses Ziel habe ich erreicht:
23. Das waren meine Hindernisse:	**24.** Das war meine größte Herausforderung:	**25.** Das ist noch im Prozess:

Auf einen Blick: Lösungen für Ihr Selbstmanagement-Problem

Wenn …	Dann … hilft folgendes Werkzeug:	*Seite*	*Lesen Sie auch diese Seiten:*
Sie keine Zeit haben.	**Werkzeug 4:** Pareto-Prinzip	**64**	**15** Verantwortung übernehmen **17** Ausreden ade
Ihnen alles über den Kopf wächst.	**Werkzeug A:** Notfallplan	**42**	**9** Stress **16** Lösungsorientiert denken und handeln
Sie sich neu strukturieren möchten.	**Werkzeug 2:** Mustertag-Übung	**59**	**9** Ziel- oder perspektivlos **11** Chaos
Sie das Jahr planen möchten.	**Werkzeug B:** Jahresplanung	**47**	**21** Plastizität der Planung **67** Schritt für Schritt, Variante Jahresroadmap
Sie ein Projekt planen.	**Werkzeug C:** Projektplanung mit einem Kanban-Board	**53**	**16** Ressourcenorientiert denken und handeln **70** Projekt mit Kindern
Sie nicht wissen, wo Sie anfangen sollen.	**Werkzeug 3:** Priorisierungsthermometer	**62**	**12** Procrastination **22** Entscheidung treffen
Sie Ideen brauchen.	**Werkzeug 1:** Braindump-Methode, Variante 50 Ideen	**56**	**19** Aufschreiben **20** Spielerisch angehen/experimentieren
Sie zu viele Kleinigkeiten zu erledigen haben.	**Werkzeug 7:** Erledigungsstunde	**72**	**9** Ablenkungen und Störungen **12** Keine Hilfe annehmen
Sie mit der Reflexion beginnen möchten.	**Werkzeug 9:** Reflexionsfragen	**76**	**10** Über- oder Unterforderung **11** Selbstsabotage oder schlechtes Selbstbild
Sie nur grob planen möchten.	**Werkzeug 6:** Planungskarten	**69**	**13** Perfektionismus **18** Zeitmanagement ist individuell
Sie gemeinsam mit Kindern planen möchten.	**Werkzeug 6:** Planungskarten, Variante Kinder-Planungskarte	**69**	**25** Der Planungsprozess **60** Mustertag, Variante mit Kindern
Sie ein großes Vorhaben in mehreren Etappen erledigen möchten.	**Werkzeug 5:** Schritt für Schritt	**67**	**17** Fehler und Rückschritte sind erlaubt **19** Dranbleiben/Durchhalten
Sie nicht ins Handeln kommen.	**Werkzeug 8:** Der Timer	**74**	**14** Fremdsteuerung **20** Handeln

Medientipps

Literatur

Bischof, Klaus/Bischof, Anita/Müller, Horst (2019):
Selbstmanagement – Taschen Guide.
Haufe Verlag, 5. Auflage
ISBN 978-3-6481-3359-0

Blatter, Ivan (2020):
Arbeite klüger – nicht härter! So holen Sie das Beste aus Ihrer Zeit, ohne sich auszubeuten. Methoden und Tools für ein neues Zeitmanagement. Zeit optimal nutzen – Freiräume schaffen.
Humboldt Verlag, 2. erweiterte Auflage
ISBN 978-3-8426-4209-6

Grzeskowitz, Ilja (2016):
Mach es einfach! Warum wir keine Erlaubnis brauchen, um unser Leben zu verändern.
GABAL Verlag, 5. Auflage
ISBN 978-3-8693-6689-0

Keller, Gary/Papasan, Jay (2017):
The One Thing: Die überraschend einfache Wahrheit über außergewöhnlichen Erfolg.
Redline Verlag
ISBN 978-3-8688-1681-5

Krengel, Martin (2013):
Golden Rules: Erfolgreich lernen und arbeiten. Alles was du brauchst: Selbstvertrauen. Motivation. Zeitmanagement. Konzentration. Organisation.
Verlag Eazybookz, 4. Auflage
ISBN 978-3-9411-9344-4

Nussbaum, Cordula (2017):
Organisieren Sie noch oder leben Sie schon? Zeitmanagement für kreative Chaoten.
Campus Verlag, 3. aktualisierte Auflage
ISBN 9-783-5935-0690-6

Seiwert, Lothar (2009):
Noch mehr Zeit für das Wesentliche. Zeitmanagement neu entdeckt.
Goldmann Verlag
ISBN 978-3-4421-7059-3

Internet

Kanbanize (2021):
Kanban, eine Anleitung für Einsteiger.
verfügbar unter: Kanbanize.com

Von dieser Autorin finden Sie außerdem in unserem Programm:

Kita-Qualität praktisch gestalten
Eingewöhnung in der Kita – mit den Eltern Hand in Hand
Praxis-Bausteine für das eigene Konzept
Rebekka Behrendt

Für Erzieher*innen, Kita-Leiter*innen und pädagogische Fachkräfte

Paperback A4, S. 112, farbig
ISBN 978-3-8346-4399-5

Weitere Informationen und Blick ins Buch unter www.verlagruhr.de